KB050195

les Essais

나이 듦과
죽음에 대하여

나이 듦과
죽음에 대하여

고봉만 엮고 옮김

몽테뉴 《수상록》 선집

책세상

1부
나이 드는 것은 죄도 벼슬도 아니다

3부
나는 춤출 때는 춤추고 잠잘 때는 잠잔다

일러두기

1. 미셸 에켐 드 몽테뉴Michel Eyquem de Montaigne의 《수상록 *Les Essais*》
(1580년 초판 발행)에서 나이 듦과 죽음에 대한 성찰이 담긴 대목을 가
려 뽑아 총 3부로 구성했고 옮긴이의 주석과 해설을 덧붙였다. 번역
대본으로는 장 발자모Jean Balsamo, 카트린 마니앵-시모냉Catherine
Magnien-Simonin, 미셸 마니앵Michel Magnien이 편집한 《수상록》(Paris :
Gallimard〔Bibliothèque de la Pléiade〕, 2007)을 사용했다.

2. 1, 2부에는 《수상록》 1~3권에서 여러 대목을 발췌하여 실었고, 3부에
는 몽테뉴의 글을 오롯이 감상할 수 있도록 글 두 꼭지를 온전히 실
었다.

3. 주는 모두 옮긴이 주다.

1부

나이 드는 것은
죄도 벼슬도 아니다

1장

나이 듦에 대하여

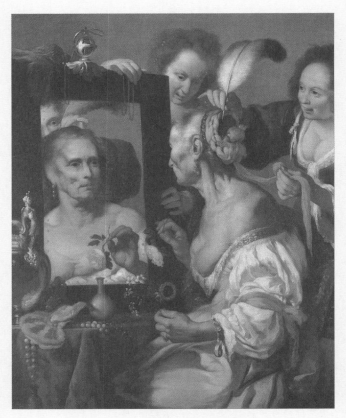

베르나르도 스트로치, 〈바니타스〉(1637년경).

우리는 나이와 함께
늙어간다

청춘의 힘과 정기는 점점 쇠약해지고
우리는 나이와 함께 늙어간다. _루크레티우스[1]

이제부터 나는 반쪽의 존재에 불과하며, 그것은 이
미 내가 아닌 것이다. 나는 날마다 나 자신에게서 도망
치며, 나에게서 멀어진다.

세월의 흐름과 함께 우리가 가진 것들도
하나하나 사라진다. _호라티우스[2]

늙은 병사
이야기

카이사르를 호위하던 병사 하나가 길바닥에서 기진맥진하고 힘없는 몰골로 카이사르에게 다가와 스스로 목숨을 끊게 해달라고 간청했다. 그러자 카이사르는 그 병사를 바라보고는 "그대는 자신이 아직도 살아 있다고 생각하는 모양이군"이라고 조롱하듯 말했다. 만일 우리가 갑자기 그런 노년의 상태에 놓인다면 우리는 그 같은 변화를 견뎌낼 수 없을 것이다. 다행히도 자연은 완만하게, 거의 느낄 수 없을 정도로, 조금씩, 한 계단 한 계단씩 우리를 인도하여 그런 비참한 상태로 끌고 가, 우리로 하여금 그와 같은 상태에 익숙해지게 한다. 그런 까닭에 청춘이 우리 내부에서 삭아 없어져도 우리는 아무런 동요도 느끼지 않는 것이다. 그런데 사실상 그러한 죽음은 시들시들하다가 생명이 완전히 다하는 죽음이나 연로年老로 인한 죽음보다 한층 가혹한 죽음이다. 왜냐하면 고통스러운 상태의 존재에서 부재不在로 변화하는 것은, 감미롭고 건강한 존재에서 힘들고 가슴 아픈 존재로 갑작스럽게 변화하는 것만큼 가혹하지는 않기 때문이다.

이가 툭 하고
빠졌다

　　신은 생명을 조금씩 빼앗아감으로써 인간에게 은
총을 베푼다. 이것이 노화의 유일한 미덕이다. 노화를
겪으며 조금씩 죽어온 덕분에 마지막 순간에 죽음이
완전하지도 고통스럽지도 않은 것이다. 그 상태에서
죽음은 그저 존재의 절반, 혹은 사 분의 일만 죽는 것이
기 때문이다. 얼마 전에 이 하나가 툭 하고 저절로 빠졌
다. 아무런 고통도 아무런 노력도 없이 본연의 수명을
다한 것이다. 내 존재의 일부분인 치아를 비롯해 다른
부분들이 이미 명을 다했고, 한창때 군세고 원기 왕성
했던 다른 신체기관들도 절반은 생명을 다했다. 그렇
게 나는 무너져내리고, 나에게서 빠져나간다.

예전의 내 육욕을
내 이성 앞에 다시 갖다놓는다면

    요컨대 나는 나이가 들면서 하는 그런 후회를 혐오
한다. 나는 선현들이 말한 것처럼 나이가 드니 육체적
쾌락에 끌릴 일이 없어서 좋다고 말하는 사람들과 사
고방식이 전혀 다르다. 나이 때문에 즐거운 일을 누리
지 못하는 것을 나는 결코 고맙게 여기지 않는다. "신은
자신의 피조물이 그들의 약점까지도 최선의 산물 가
운데 하나라고 여기게 할 만큼 적대적이지는 않다."(퀸
틸리아누스)[3] 인간의 정욕은 늙으면 약해진다. 우리는
사랑의 행위를 한 뒤에 깊은 포만감을 느낀다. 여기에
서 양심 같은 것을 나는 보지 못했다. 반면에 정욕으로
인한 괴로움과 무력감은 카타르[4]성 염증에 걸린 비굴
한 덕성만을 우리에게 남겨줄 뿐이다. 나는 그런 이유
로 우리가 판단력이 흐려질 정도로 자연적 변화[5]에 완
전히 끌려가서는 안 된다고 생각한다. 쾌락을 추구하

던 젊은 시절에도 나는 육체적 쾌락 속에 존재하는 악덕의 얼굴을 분간하지 못한 적은 없다. 이미 나는 그때의 내가 아니지만, 그때와 똑같이 판단한다. 지금 나는 조심스럽게 그리고 맹렬하게 관능을 흔들고 있으며, 나의 이성이 내가 가장 자유분방했던 시절과 같은 상태라고 생각한다. 나이가 들어가면서 이성의 힘이 약간 약해진 것을 제외하면 말이다. 신체 건강에 해로울까 염려해 이성이 나를 쾌락 속에 집어넣기를 거부하면서, 옛날에 내 정신 건강을 위해서 했던 것과 같은 방식으로 작용하고 있는 것이다. 그러나 나는 이성이 전투에서 벗어났다고 해서 더 가치 있어졌다고 생각하지는 않는다. 현재 내가 받는 유혹은 너무도 꺾이고 모욕을 당하고 있어서 이성으로 대항할 거리도 못 된다. 오히려 내 쪽에서 손을 내밀어 유혹을 간청할 뿐이다. 누

1부 나이 드는 것은 죄도 벼슬도 아니다

가 예전의 내 육욕을 내 이성 앞에 다시 갖다놓는다면, 내 이성이 예전에 발휘했던 자제력을 제대로 발휘하지 못하지나 않을까 두렵다. 나는 내 이성이 예전에 판단하던 방식에서 벗어나 뭔가를 다르게 판단하는 것을 보지 못했으며, 새롭게 광명을 찾은 것을 본 적도 없다. 그 덕분에 이성이 건강을 회복했다고 한다면 그것은 어쨌든 어느 정도 위태로운 건강이라고 할 수 있다.

나는 매번 새로운
풀과 꽃과 열매를 보았다

    내가 내 운명에 대해 감사하는 것 가운데 하나는
내 몸 상태가 그때그때의 시기적 상황과 제대로 들어
맞았다는 점이다. 나는 매번 새로운 풀과 꽃과 열매를
보았다. 그리고 이제는 그것들의 바싹 마른 모습을 보
고 있다. 얼마나 행복한가. 왜냐하면 바로 그것이 자연
이기 때문이다. 지금 내가 병에 걸리기는 했지만, 병이
응당 와야 할 때 와서 과거에 누렸던 긴 행복을 상기시
켜주는 만큼, 더욱더 수월하게 병을 견디고 있다.

연륜이 쌓인다고
지혜가 저절로 생기는 것은 아니다

우리의 영혼은 젊었을 때보다 늙었을 때에 더 거북하고 난처한 질병이나 결함에 얽매이는 것 같다. 나는 젊은 시절에 이미 이런 이야기를 했다. 그때는 사람들이 나를 비웃었다. 턱에 수염도 나지 않은 주제에 그런 말을 한다고 말이다. 허옇게 센 머리칼 덕분에 사람들의 신임을 얻고 있는 지금 이 순간에도 나는 같은 이야기를 한다. 우리는 성질이 까다롭고 현재의 사물에 대해 염증을 느끼는 것을 '지혜'라고 부른다. 그런데 사실 사람들은 되도록 악덕을 버리지 않으면서 악덕을 바꾸려고 한다. 내가 보기에는 그것이 최악의 방법인데 말이다. 어리석고 비생산적인 자존심과 진력나는 잔소리, 까다롭고 비사교적인 성격, 미신, 그리고 쓸모없는 부富에 대한 꼴같잖은 취향 같은 것 말고도, 나는 노년에서 더 많은 시기심과 부당함과 심술궂음을 발견한다. 노년이 되면 얼굴보다 정신에 더 많은 주름살이 생긴다.
늙으면서 시큼해지고 곰팡내 나지 않는 영혼이란 없으
며, 있다 해도 매우 드물다.

우리 안에 천천히
자연스럽게 퍼지는 질병

　　노화가 내 수많은 친지에게 얼마나 큰 변화를 일으
키는지 나는 매일같이 보고 있다! 노화란 우리 안에 천
천히 자연스럽게 퍼지는 가공할 질병이다. 우리를 괴
롭히는 노년의 결함에 대비하려면, 적어도 그 진행 속
도를 줄이려면, 엄청난 주의와 지속적인 노력을 기울
여야 한다. 아무리 방어 진지를 튼튼하게 구축해도 노
화가 조금씩 나를 이겨가는 것을 나는 분명히 느낀다.
그저 힘닿는 데까지 버텨볼 뿐이다. 노화가 종내 나를
어디로 데려갈지 나는 알지 못한다. 어쨌든 내가 어느
지점에서 쓰러졌는지 사람들이 알아주기만 한다면 다
행이다.

노령기의
상태

　젊은 시절에 나는 올바르게 처신하기 위해 나 자신을 꾸짖고 나무라는 등 갖은 노력을 해야 했다. 흔히 사람들은 쾌활함과 건강함은 신중하고 현명한 사고와 일치하지 않는다고 말한다. 그런데 노년이 되고 보니 젊었을 때의 나와는 많이 다르다. 노령기의 상태는 나 자신을 지나치게 꾸짖고 나무라며, 사리를 분별하게 만들고, 나에게 설교를 한다. 지나치게 쾌활했던 내가 지금은 유감스럽게도 지나친 근엄성에 빠져 있다. 그래서 요즘은 일부러 좀 엉뚱하게 굴어본다. 때로는 젊은 시절에 하던 경박한 생각에 마음을 맡기고, 거기에 빠져 즐거워한다. 이제 나는 너무도 침착하고 둔중하고 원숙해졌다. 나이는 날마다 나에게 냉철과 절제를 가르친다. 내 몸은 무절제한 생활을 피하고 두려워한다. 이번에는 육체가 정신을 개선하도록 지도할 차례이다.

상황이 바뀌어 육체가 더욱 혹독하고 강압적으로 지배를 한다. 육체는 자나 깨나 나에게 죽음과 인내와 금욕을 가르치고 한시도 게으름을 피우지 않는다. 나는 옛날에 쾌락에 맞서 나를 지켰듯이 지금은 절제에 맞서 나를 지키고 있다. 절제는 마비 상태가 될 정도로 나를 망설이게 한다. 그럼에도 이제 나는 매사에 나 자신의 주인이 되고자 한다. 지혜에도 지나침이 있는 법이므로 어리석음 못지않게 조절이 필요하다.

우리는 자연에서
멀어져간다

　　예전에 나는 어둡고 침침한 날들을 특별한 나날로
생각했다. 하지만 요즘에는 평범한 날들이, 맑게 개어
청명한 날들이 오히려 특별한 나날로 생각된다. 몸에
아픈 데가 없으면 커다란 은혜라도 입은 양 기뻐서 어
쩔 줄을 모른다. 몸을 건드려 간질여본들 이 비루한 몸
은 초라한 웃음 한번 터뜨리지 못한다. 나는 나이 듦의
비애를 잔꾀로나마 잊어보려고 상상에서나 꿈속에서
즐기며 논다. 물론 몽상이 아닌 다른 치료법이 필요하
긴 하다. 그런 것은 자연을 상대로 기교를 부리는, 보잘
것없는 투쟁에 불과하다. 모든 사람이 하는 식으로 인
간의 사소한 불행을 앞당기거나 늦추는 것은 몹시 어
리석은 짓이다. 나는 서둘러 나이를 먹기보다는 노년
이 짧은 것이 더 좋다. 쾌락을 얻을 기회가 있다면 아주
작은 기회까지도 놓치지 않고 움켜쥘 것이다. 나는 용

의주도하고 강렬하고 영광스러운 여러 가지 쾌락을 소문으로 들어서 알고 있다. 그러나 내가 알고 있는 것들이 나로 하여금 욕심을 내게 할 만큼 충분한 효과를 거두지는 못한다. 나는 웅장하고 장엄하고 화려한 쾌락보다는, 그윽하고 손쉽고 바로 얻을 수 있는 쾌락을 바란다. "우리는 어떤 일에도 좋은 안내자가 되지 못하는 세상 사람들의 의견을 좇는다. 그러면서 우리는 자연에서 멀어져간다."(세네카)[6]

쉰 고개를
넘은 자

아아, 딱하게도
쉰 고개를 넘은 남자에 대해서는
그 무엇도 두려워할 것이 없도다. _호라티우스

자연은 이 나이를 웃음거리로 만들지 말고, 불쌍하게 만든 것으로 만족했어야 한다. 나는 그것이 아직 남아 있는 변변찮고 허약한 힘을 일주일에 세 번씩 북돋아, 아랫배 속에서 정당하고 중요한 어떤 일이라도 해내는 것처럼 거칠게 부스럭거리는 꼴이 보기 싫다. 볏짚에 불이 붙은 꼴이다. 그토록 생기 있게 팔딱거리다가 차갑게 꺼져버리는 불꽃이 놀랍다. 그런 욕망은 청춘의 꽃다운 시절에나 어울린다. 어디 한번 그 욕망을 믿고, 그대에게 있는 그 지칠 줄 모르고, 꾸준하고 충만한 열정을 거들어보라. 좋은 꼴을 보게 될 것이다!

노년의
사랑

숨을 헐떡이게 할 정도로 나를 사로잡아 몰두하게 만드는 일이 없다. 나처럼 특별한 직업이 없을 경우, 다른 사람들 같으면 탐욕·야심·싸움·소송 따위에 마음이 매여 지내지만, 나는 사랑에 매여 지내는 편이 더 기분 좋다. 사랑은 다시금 나에게 주의력과 절제와 상냥함을 돌려주고, 내 인격을 가꾸게 한다. 사랑은 내 외모를 탄력 있게 만들고, 노년의 찌푸린 얼굴, 측은하리만큼 보기 흉한 찌푸린 모습이 내 용모를 망가뜨리지 않도록 보장해준다. 사랑은 내가 다시 건전하고 현명한 공부를 시작하게 하고, 그리하여 내 정신이 나와 나 자신의 쓸모에 관해 절망하거나 경멸하지 않게 하고, 나 자신과 다시 관계를 맺게 하여 나 자신을 더 사랑하고 존경하게 해준다. 또한 일이 없어 지루하고 건강 상태는 나빠지기 쉬운 이런 나이에 찾아드는 수천 가지 성가신 생각과 우울한 번뇌에서 나를 해방해준다. 그리고 대자연이 버린 이 피 속에 상상에서라도 다시 따뜻함을 불어넣어 주고, 마지막 파국을 향해 줄달음치는 가련한 인간의 턱을 떠받쳐주고, 근육과 활력과 삶의 환희를 조금은 연장해줄 것이다.

그러나 나는 그것이 여간해서는 회복하기가 쉽지 않은 것임을 너무나 잘 알고 있다. 허약해진 몸과 많은 경험 탓에 우리의 취향은 한층 더 예민하고 까다로워져서, 내놓는 것도 별로 없으면서 요구가 많아지며, 받아들여질 확률이 높지 않은데도 여지가 주어지길 원한다. 우리는 이런 사정을 알고 있기에 젊었을 때만큼 과감하지 못하며, 사람을 더욱 믿지 못한다. 아무것도 우리에게 사랑받으리라는 보장을 해주지 않는다. 나는 저 피 끓는 청춘들 사이에 끼어 있기가 부끄럽다.

젊은이의 그것은 언덕 위에 서 있는 젊은 나무보다
더 빳빳이 쳐들려 있다._호라티우스

보잘것없는 우리의 몸을 환희에 찬 저 젊은이들 속
에 어떻게 내놓는단 말인가?

불타는 젊은이들이 우리의 횃불이
재로 변하는 걸 보라며 얼마나 비웃겠는가._호라티우스

그들에게는 힘도 있고 그렇게 하는 이유도 있다.
반면에 우리는 더 이상 대항할 힘조차 없으니 이제 그
들에게 자리를 내주자.

나 자신을 이해하기가
점점 더 어려워진다

　　나는 이 세상에서 나 자신보다 더 이상하고 놀라운
것을 본 적이 없다. 온갖 기이한 것도 시간이 흐르고 습
관이 들다 보면 익숙해진다. 그러나 나를 살펴보면 살
펴볼수록 그리고 나에 대해 알면 알수록, 그 기형적인
모습에 놀라고 나 자신을 이해하기가 점점 더 어려워
진다.

우리의 정신은 늙어가면서
변비에 걸린다

만약 내가 학문적인 책을 만들고 싶었다면 진즉 그렇게 했을 것이다. 지금보다 더 재치 있고 기억력도 좋고, 학업에 더 전념하던 시절에 책을 썼을 것이다. 만약 작가를 직업으로 삼고 싶었다면, 지금보다 더 패기가 있던 그 나이에 온몸을 던져야 했을 것이다. 게다가 그 책을 통해 우연이 나에게 베풀어준 대가 없는 혜택이 그런 것에는 관심 없는 지금보다 그때에 작용했더라면 어떻게 되었을까. 내 친지들 중에 학식이 높았던 두 사람은 예순 살에 내겠다며 마흔 나이에 책 내기를 거절했다가, 내가 보기에는 재능의 절반을 잃었다. 완전히 익은 과일은 설익은 과일만큼이나 결함이 있지만, 결함의 정도가 더 심하다. 그리고 그런 일에는 노년기가 다른 어느 시기보다도 나쁘다.

책을 펴냄으로써 자신의 노쇠를 사람들에게 감출

수 있다고 믿는 자가, 자신이 은총 잃은 자이고 몽상가
이며 정신이 졸고 있는 자임을 드러내지 않는 생각들을
책을 통해 내보이길 바란다면, 그것은 미친 수작이다.
우리의 정신은 늙어가면서 변비에 걸리고 둔해진다.

죽음은 우리의 삶 도처에
끼어들고 뒤섞인다

죽음은 우리의 삶 도처에 끼어들고 뒤섞인다. 우리의 쇠락은 자신의 도래를 알리고, 우리가 겪는 변화의 흐름에 슬그머니 끼어든다. 스물다섯 살 때와 서른다섯 살 때 그려진 내 초상화를 놓고 현재의 초상화와 비교해보면, 아무리 봐도 더 이상 내가 아니다. 초상화에 그려진 현재의 내 모습은 과거의 내 모습과 얼마나 다르며 또 숨을 거둘 때의 내 모습과는 얼마나 다를 것인가.

2장

모든 일에는
저마다
때가 있다

도메니코 기를란다요, 〈노인과 아이〉(15세기경).

우리의 욕망은
끊임없이 다시 젊어진다

　　젊은이는 인생을 준비해야 하고, 늙은이는 인생을
누려야 한다고 현자賢者들은 말한다. 그리고 그들이 우
리 인간의 본성에서 주목하는 가장 큰 결함은 우리의
욕망이 끊임없이 다시 젊어진다는 것이다. 우리는 늘
삶을 다시 시작하고 있다. 우리의 취향과 욕망은 언젠
가는 노화를 고려해야 한다. 한쪽 발이 무덤 속에 있는
데도 우리의 필요와 욕구는 늘 다시 태어나는 것이다.

　　그대는 죽음에 임박해서도 무덤 생각은 하지 않고,
　　대리석을 깎아 집을 짓고 있다._호라티우스

　　내 계획은 가장 긴 것도 일 년을 넘지 않는다. 이제
부터 나는 내 마지막 순간만을 생각할 것이다. 나는 모
든 새로운 희망과 계획으로부터 나를 떼어놓는다. 거

처하던 모든 장소에 작별을 고한다. 그리고 내가 가지고 있는 것을 날마다 조금씩 버린다. "오래전부터 나는 잃지도 따지도 않았다. 나에게는 남겨진 여정보다 더 많은 식량이 남아 있다."(세네카) "나는 살아왔다. 그리고 운명이 나에게 정해준 길을 모두 돌아다녔다."(베르길리우스)[7]

결국 내가 노년에서 발견한 위안은 노년이 내 마음속에서 세상 형편에 관한 걱정, 재산·지위·학문·건강에 관한 걱정, 나 자신에 관한 걱정 등, 인생을 심란하게 만드는 여러 욕망과 번뇌를 느슨하게 했다는 것이다. 우리는 영원히 침묵하는 법을 배워야 할 때에 말하는 법을 배운다.

나는 조금이라도 더
현명해졌는가

내 책은 늘 똑같다. 개정판이 나올 때마다 책을 사
는 이가 빈손으로 돌아가지 않도록 색이 다른 재료를
덧붙이고 몇 가지 장식을 추가하는 일을 스스로에게
허용하는 정도다. 이것도 마음 씀씀이를 넉넉하게 한
것일 뿐 처음에 나온 책의 생김새에는 아무런 지장을
주지 않는다. 그러나 그런 사소하고 자발적인 섬세함이
다시 출판되는 각각의 책들에 특별한 가치를 부여한다.

나의 분별력은 앞으로 나아가기도 하고 뒷걸음치
기도 한다. 나는 두 번째나 세 번째에 생각하고 궁리한
것이라고 해서 첫 번째로 생각하고 궁리한 것보다 결
코 덜 의심하지 않는다. 과거의 생각이건 현재의 생각
이건 믿지 못하기는 마찬가지다. 흔히 우리는 남의 잘
못을 고쳐주듯 스스로의 잘못을 고치는 우를 범한다.

1580년에 내 책이 처음 출간된 이후로 많은 세월이 흘렀고, 그만큼 나도 늙었다. 그러나 내가 조금이라도 더 현명해졌는가에 대해서는 의문이다. 당시의 나와 현재의 나는 확실히 둘이다. 어느 쪽이 더 나은가? 나는 아무 말도 할 수가 없다.

소년은 앞을 보고
노인은 뒤를 본다

소년은 앞을 보고 노인은 뒤를 본다. 이것이 야누스의 두 얼굴이 의미하는 바가 아니었던가. 세월이 나를 데려간다면 데려가도 좋다. 하지만 뒤쪽으로 데려가 주면 좋겠다. 지나간, 그 아름다운 시절을 분별할 수 있는 동안은 그쪽으로 이따금 눈을 돌리고 싶다. 그 시절이 내 피와 혈관에서 빠져나간다 해도, 적어도 기억에서 그 모습을 없애버리고 싶지는 않다.

스포츠 관람은
노인의 오락거리이다

    플라톤은 노인들에게 젊은이들이 운동이나 무용
이나 놀이를 하는 곳에 가서 자신들의 육체에는 더 이
상 없는 부드러움과 아름다움을 보고 기뻐하고, 푸른
청춘의 매력과 특권을 추억하라고 명한다. 또한 그런
축제에서 가장 많은 노인에게 기쁨과 즐거움을 안겨준
젊은이에게 승리의 영광을 수여하라고 명한다.

노인이 쾌락을 찾는 일을
금하는 것은 잘못이다

사람들은 내가 나이가 든 탓이라고 주장하지만, 나는 일반 여론에 순응하고 남을 위해 노력하는 것은 젊은이들이 할 일이라고 생각한다. 젊은이들은 남들과 그들 자신 모두를 위해 일할 수 있다. 그러나 우리는 우리 몸 하나 추스르기도 힘들다. 타고난 매력이 사그라지니 인위적 매력에 도움을 청할 수밖에 없다. 젊은이가 쾌락을 좇는 일은 용서하고, 노인이 쾌락을 찾는 일은 금하는 것은 잘못이다. 젊었을 때 나는 불타는 정열을 절도節度로 은폐했다. 늙은 지금은 서글픈 심정을 방종으로 풀어준다. 플라톤은《법률》에서 여행을 더 유익하고 교육적인 것으로 만들기 위해, 마흔 살이나 쉰 살이전에 여행하는 것을 금했다. 나는 예순 살이 넘어 여행하는 것을 금한 이 규정의 둘째 조항에 기꺼이 동의한다. "그 나이에 그렇게 긴 여행을 떠났다가 돌아오지 못하면 어쩔 거요?"―무슨 상관이람! 나는 여행에서 돌아오거나 여행을 완수하려고 떠나려는 것이 아니다. 단지 여행을 떠나고 싶어서 떠나는 것이다. 산책을 하고 싶어서 산책하는 것이다. 어떤 이득을 보기 위해서 또는 토끼를 뒤쫓기 위해서 달려가는 자는 달려가는 것이 아니다.

3장

부성애에 관하여

폼페오 지롤라모 바토니, 〈돌아온 탕아〉(18세기경).

자식들과 나눠 가지지
않으려고 하는 것

　자식들이 합당한 나이가 되었는데도 부모가 자식
들과 재산을 공유하지 않고, 집안일에 일원으로 참여
시키지도 않고, 자신들의 이득을 줄여 자식들의 이득
을 늘리려고 하지도 않는 것은 잔인하고 부당한 일이
다. 사실 그러기 위해 우리가 자식들을 낳은 것인데 말
이다. 늙어 꼬부라져서 반쯤 죽어가는 아버지가 집 한
쪽 구석에서 재산을 혼자 움켜쥐고 자식들의 발전과
생계에 지장을 주면서 자식들이 가장 알맞은 시기에
공공의 일에 참여하며 세상 사람들과 알아갈 기회를
빼앗는 것은 옳지 않다. 그럴 때 자식들은 궁지에 몰려,
정당하지 않은 방법을 써서라도 자기에게 필요한 것을
얻으려 한다.

자식의 애정을
받을 수 없다면

경제적 도움을 주는 대가로밖에 자식의 애정을 받을 수 없다면, 그는 참 가련한 아버지이다. 그런 것도 애정이라고 부를 수 있다면 말이다.

사람은 자신의 가치와 능력으로 존경을 받아야 하고, 착한 마음과 온화한 태도로 사랑을 받아야 한다. 재료가 풍부하면 타고 남은 재도 가치 있다. 우리는 영광스러운 인물들의 유해와 유물에까지도 존경과 경의를 표한다. 인생의 원숙기에 존경받던 인물은 노년이 되어 아무리 늙고 비루해져도 자식들에게 존경받지 못하는 일이 없다. 그들의 심성이 의무를 다하도록 자식들을 교육한 것이지, 욕구와 필요에 못 이겨서 또는 강제와 억압으로 존경하게 만든 것이 아니기 때문이다.

더 견고하고 확실한 권위를 가지기 위해서는 애정보

다는 힘에 의지해야 한다고 생각하는 사람이 있다면,
그 사람은 대단히 잘못 생각하는 것이다._테렌티우스[8]

그만이
아무것도 모른다

　　노인에게는 부족한 것이 너무나 많다. 노인은 너무나 무력하며 손쉽게 무시당한다. 그들이 할 수 있는 최선은 가족의 애정과 사랑을 얻는 일이다. 명령과 두려움은 그들에게 더 이상 무기가 되지 않는다. 나는 젊었을 때 대단히 권위적이었던 사람을 한 명 알고 있다. 그는 나이가 들어서도 건강을 잘 유지해서 그런지, 때리고 물어뜯고 욕설하며, 프랑스에서 가장 야단법석을 떠는 인물이 되고 말았다. 하지만 현재는 걱정과 경계심이 그를 갉아먹고 있다. 모든 것은 가족들이 참여한 한 편의 희극이다. 다락방에서 지하 저장실에 이르기까지, 그의 돈주머니 속까지도 다른 자들이 가장 좋은 몫을 가졌다. 그가 자신의 가방 속에 그 열쇠들을 보관하고 있음에도, 그가 직접 두 눈으로 그들을 감시하고 있음에도 말이다. 그가 검소하게 식사하며 절약하는 동안 집 안 곳곳은 잔치판이다. 노름을 하고, 돈을 물 쓰듯 하고, 늙은이의 헛된 분노와 조심성을 헐뜯으며 이야기꽃을 피운다. 모두가 그에 맞서 보초를 선다. 어쩌다 마음 약한 하인이 그에게 다정히 대하면, 사람들은 곧바로 하인을 의심한다. 한편으로 의심이란 늙은이들이 즐겨 갖는 성질이다. 그는 나에게 수도 없이 자랑을 했다. 자신이 가족들을 얼마나 잘 통솔하고 있는지, 그들에게서 얼마나 합당한 복종과 존경을 받고 있는지, 그리고 자신이 얼마나 자기 일을 잘 살피는지를.

그만이 아무것도 모른다._테렌티우스

유언장으로
도박을 하려 든다

　　오랜 세월 동안 노인을 극진히 보살핀 일이 헛수고
로 돌아가는 사례를 종종 보게 된다. 기분이 나빠져 슬
쩍 한마디 한 것으로, 십 년 노력이 허사가 되고 만다.
적절한 순간에 자리를 지키고 있다가 숨이 넘어갈 무
렵 비위를 맞춰주는 자가 행운을 얻는다! 늘 마지막에
한 행동이 중요하다. 곁을 떠나지 않고 가장 헌신적으
로 해온 봉사가 아니라, 가장 최근에 그리고 알맞은 시
기에 한 봉사가 효과를 본다. 그런 노인들은 이해관계
를 주장하는 사람들의 행동 하나하나를 따져 상을 주
거나 벌을 내리면서 유언장으로 도박을 하려 든다. 이
런 일은 매 순간 이리저리 끌려다니기에는 그 결과가
너무 중요하고 먼 훗날까지 영향을 미친다. 그러므로
현자들은 이성과 관습에 따라 이런 일을 단호하게 결
정한다.

우리가 영혼으로
낳은 자식

　　우리가 자식을 사랑하는 것이 단지 우리가 자식을
낳았기 때문이고, 그래서 자식을 '또 다른 우리 자신'이
라고 부른다면, 우리에 의해 생겨난 또 다른 것도 자식
못지않은 가치를 지닐 것이다. 우리가 영혼으로 낳은
것, 우리의 정신과 감성과 지식으로 낳은 것은 우리의
육체보다 훨씬 고상한 부분의 산물이고, 따라서 훨씬
더 우리 자신의 것이기 때문이다. 그것의 생성에서 우
리는 아버지인 동시에 어머니이며, 그렇게 생겨난 것
들은 훨씬 더 많은 대가를 치르게 하고, 만약 그것들이
좋은 점을 지니고 있다면 우리에게 더 많은 명예를 가
져다준다. 우리의 '육체적' 자식들이 지닌 가치는 우리
의 가치가 아니라 그들 자신의 가치이며, 거기서 우리
가 얻는 몫은 아주 적어서 그리 대수로운 것이 아니다.
그러나 우리가 정신으로 낳은 자식들의 경우에는 그

아름다움도 매력도 가치도 모두 우리의 것이다. 이 자식들이 육체적 자식들보다 우리를 훨씬 더 잘 표현해 준다.

4장

고독과 글쓰기

조르주 드 라투르, 〈회개하는 마리아 막달레나〉(1625~1650).

고독의 길을 제대로 찾는 사람은
그리 많지 않다

고독의 목적은 동일하다. 그것은 보다 평온하게 보다 안락하게 사는 것이라고 나는 생각한다. 그러나 고독의 길을 제대로 찾는 사람은 그리 많지 않다. 사람들은 때때로 온갖 일에서 벗어났다고 생각하지만, 실은 일거리를 바꾼 것에 지나지 않는다.

우리 자신을 격리시켜서
다시 찾아야 한다

어떤 사람이 소크라테스에게 "아무개가 여행을 다녀왔지만 나아진 것이 별로 없습니다"라고 말하자, 소크라테스는 "여행하는 동안 줄곧 자기를 데리고 다닌 것이지"라고 대답했다.

다른 태양을 찾아간들 무슨 소용인가?
조국을 떠나도 자기 자신을 떠날 수 없는 것을?
_호라티우스

먼저 우리 자신과 우리의 영혼을 짓누르고 있는 무거운 짐을 내려놓지 않는 한, 우리가 움직이면 움직일수록 그 짐은 더욱더 우리를 짓누를 것이다. 배에 실은 짐이 잘 고정되어 있을수록 항해를 덜 방해하는 것과 마찬가지다. 환자의 자리를 옮겨주면 환자에게 득이 되기보다는 해가 된다. 움직이고 흔들면 말뚝이 점점 더 깊이 단단하게 박히듯이, 질병도 뒤흔들면 더 깊어진다. 그러므로 사람들에게서 멀리 떠나는 것만으로는 충분하지 않으며, 자리를 옮기는 것만으로도 충분하지 않다. 우리 내부에 있는 사교적 본능으로부터 떠나지 않으면 안 되며, 우리 자신을 격리시켜서 다시 찾아야 한다.

마침내 나의 사슬을 끊어버렸다고 당신은 말할 것이다. 그렇다, 마치 개가 오랜 고생 끝에 겨우 자기의 사슬을 끊듯이. 그러나 달아나는 그 개의 목에는 여전히 기다란 사슬이 매달려 있다. _페르시우스[9]

우리는 우리의 쇠사슬을 지고 다닌다. 그러므로 우리의 자유는 완전한 것이 되지 못한다. 우리는 여전히

남겨둔 것들을 되돌아보며, 우리의 생각은 그것들로
가득 차 있는 것이다.

자기만의 뒷방을
마련해두자

　가능하다면 우리에게는 아내, 자녀, 재산, 그리고
무엇보다 건강이 있어야 한다. 그러나 행복이 좌우될
정도로 거기에 집착해서는 안 된다.

　우리는 완전히 자유로운 자기만의 뒷방을 마련해
두고, 그 안에서 참된 자유와 은둔과 고독을 확보해야
한다. 그곳에서 자기 자신과 일상적인 대화를 나누어
야 한다. 그곳은 외부와의 관계나 접촉이 단절된 은밀
한 장소라야 한다. 그곳에서는 아내가 없는 것처럼, 자
녀가 없는 것처럼, 재산이 없는 것처럼, 시중드는 사람
이나 하인이 없는 것처럼 이야기하고 웃을 수 있어야
한다. 그렇게 되면 가족이나 재산을 잃게 되더라도 그
들 없이 생활하는 것이 생소하지 않을 것이다. 우리는
영혼을 통해 자기 자신을 돌아볼 수 있다. 자신의 영혼
을 친구로 삼을 수 있다. 우리의 영혼은 공격하는 능력

도, 스스로 지키는 능력도, 받는 능력도, 주는 능력도 지니고 있다. 그러므로 그런 고독 속에서 할 일 없이 지루할 것이라고 걱정할 필요는 없다.

고독 속에서 그대 자신이 군중이 되어라._티불루스[10]

말년에는 자기를 위해
살아보자

남을 위해 실컷 살아왔으니, 적어도 남은 생애 동안에는 자기를 위해 살아보자. 우리의 생각과 계획을 우리 자신과 우리 자신의 안락 쪽으로 다시 향하게 하자. 세상을 피해 안전한 곳에 숨어서 산다는 것은 결코 쉬운 일이 아니다. 다른 일에 관여하지 않아도 우리는 그것만으로도 매우 바쁘다. 하느님께서 이사[11]를 준비할 여유를 우리에게 주셨으니, 우리는 그 채비를 해야 한다. 짐을 꾸리고, 서둘러 친구들과 작별하자. 우리를 다른 곳에 매이게 하고 자신에게서 멀어지게 하는 강압적인 구속으로부터 도망치자. 우리를 옭아매는 강력한 의무에서 벗어나 이제부터는 이것저것 즐겨봐야 한다. 그리고 무엇보다 자기 자신 외에 어떤 것도 신봉해서는 안 된다. 다시 말해, 그 무엇과 관계를 맺어도 좋으나, 그것들이 우리에게서 떨어져 나갈 때 우리의 살

갖과 살점까지 떼어갈 정도로 그것들에 집착해서는 안된다. 세상에서 가장 중요한 일은 남에게 예속되지 않고 스스로 설 줄 아는 것이다.

바야흐로 우리를 사회에서 떼어놓아야 할 때이다. 왜냐하면 우리가 사회에 보태줄 것이 아무것도 없기 때문이다. 그리고 남에게 빌려줄 것이 없는 자는 남의 것을 빌리지도 말아야 한다. 우리의 힘은 쇠퇴하고 있다. 우리의 힘을 거두어들여 우리를 위해 잘 보관하자. 방향을 바꿔놓을 수 있다면 우정과 사교가 하는 역할을 자신에게로 집중시키자. 다른 사람들에게 쓸모없고 불쾌하고 귀찮은 존재가 되는 이 쇠퇴기에는 자기 자신에게마저 쓸모없고 불쾌하고 귀찮은 존재가 되지 않도록 해야 한다. 자기가 한 일을 스스로 자랑하고 스스로를 어루만져라. 특히 매사에 이성과 양심에 따라 행

동해라. 이성과 양심 앞에서 발을 헛디뎌 부끄러움을
느끼지 않도록 해라. "자기 자신을 소중히 여기고 아끼
는 것은 정말 드문 일이다."(퀸틸리아누스)

5장

목표 없는
영혼은 방황한다

도메니코 페테르리니, 〈망명 시절의 단테〉(1860년경).

무위無為에
대하여[12]

　　우리가 아는 바와 같이, 기름진 땅도 오래 놀리면
온갖 종류의 쓸모없는 잡초들이 무성해진다. 그러므로
땅을 쓸모 있게 만들려면 일구고 씨앗을 뿌려줘야 한
다. 또한 여자가 혼자서 모양새가 좋지 않은 살덩어리[13]
를 낳는 경우가 있는데, 자연 본래의 좋은 아이를 낳기
위해서는 다른 종류의 씨앗을 심어 아이를 배게 하지
않으면 안 된다.

　　인간의 정신에 대해서도 같은 말을 할 수 있다. 우
리가 정신을 조이거나 다잡지 않으면, 우리의 정신은
상상력의 공허한 들판을 이리저리 헤매게 될 것이다.

　　청동 그릇 속의 물이 흔들려

　　빛나는 해나 달을 반사하면

　　거기서 비치는 빛이 사방으로 흩어져

공중 높이 올라가 천장에서 노닌다._베르길리우스

터무니없는 생각이나 헛된 생각은

모두 이와 같은 동요 상태에서 만들어진 것이다.

열병 환자의 환상처럼

그것은 쓸데없는 망상을 낳는다._호라티우스

확고한 목표가 없는 영혼은 방황한다.

사람들 말마따나, 어디에나 있는 것은

어디에도 없는 것과 같기 때문이다.

막시무스여, 어디에나 있는 자는

아무 데에도 없는 자이다._마르티알리스[14]

최근에 나는 사람들에게서 떠나와 얼마 남지 않은

생을 조용하고 평안하게 지내는 것 말고는 되도록 다른 일에 관여하지 않기로 결심하고 내 성城으로 물러앉았다.[15] 내 정신을 완전히 무위에 맡기고, 정신이 스스로 상태를 유지하게 하고, 내 속에 자리를 잡고 편히 쉬도록 내버려두는 것 이상으로 내가 정신에 할 수 있는 일은 없으리라고 생각했다. 앞으로 내 정신이 시간이 지날수록 무게를 더하고 원숙해지면, 보다 쉽게 그런 생활을 할 수 있으리라고 기대했다. 그런데 나는,

무위는 항상 방황하는 정신을 낳는다._루카누스[16]

는 것을 깨달았다. 오히려 정신은 고삐 풀린 말馬처럼 타인의 일에 힘쓰기보다 백 곱절이나 자기 자신의 일에 더 마음을 쓴다는 것을 알았다. 또한 내 정신은 질

서도 상호 연관성도 없이, 수많은 망상이나 기괴한 괴물을 계속해서 만들어내는 것이었다. 그리하여 나는 그 두서없고 괴이한 꼴을 관찰하기 위해, 그리고 언젠가는 내 정신이 그것들을 보고 스스로 부끄럽게 여기기를 기대하면서 그것들을 종이에 적기 시작했다.

글을 쓰고 싶다는
말도 안 되는 생각

　　글을 쓰고 싶다는 엉뚱한 생각은 몇 해 전 내가 빠져든 고독의 시름에서 맨 처음 생겨난 것으로, 우울한 기분 탓이었다. 그것은 타고난 나의 기질과는 완전히 반대되는 것이었다. 당시 나는 다룰 만한 소재가 전혀 없었기 때문에 나 자신을 논거와 주제로 삼았다. 그것은 그런 종류의 책으로는 세상에 단 하나밖에 없는 책이고, 기묘하고 엉뚱한 시도이다. 또한 그 책은 그 기묘함 말고는 주목할 가치가 전혀 없다.

인생은 불균등하고 불규칙하고
형태가 여러 가지인 운동이다

자신의 취향과 기질에 지나치게 의존해서는 안 된다. 우리의 주되고 중요한 능력은 다양한 상황에 적응할 줄 안다는 것이다. 한 가지 삶의 방식에만 매여 거기에 속박되는 것은 존재하는 것일 뿐, 사는 것은 아니다. 가장 훌륭한 영혼은 다양성과 적응력을 많이 갖춘 영혼이다. 우리는 대大카토[17]에 대한 다음의 증언에서 그 훌륭한 예를 찾을 수 있다. "그는 모든 일에 한결같이 잘 적응하는 섬세한 정신의 소유자로, 무엇을 해도 그 일만을 위해 태어난 사람처럼 여겨질 정도였다."(티투스 리비우스)[18]

설령 내 방식대로 나 자신을 훈련하는 것이 허용된다 해도, 떼어낼 수 없을 만큼 단단하게 나 자신을 복종시키고 싶은 틀은 하나도 없다. 인생은 불균등하고 불규칙하고 형태가 여러 가지인 운동이다. 우리가 자신의 모습 그대로를 계속 추종하고 자신의 경향에만 사로잡혀, 거기서 벗어나지 못하고 그것을 변화시키지도 못한다면, 우리는 우리 자신의 친구가 될 수 없으며, 하물며 자신의 주인도 되지 못하고 자신의 노예가 될 뿐인 것이다. 지금 내가 이런 말을 하는 것은 내 정신이 나를 들들 볶아대는 처지에서 쉽게 벗어나지 못하고 있기 때문이다. 내 정신은 어떤 일에 관심을 가지게 되면 그 일에 완전히 매달려 아무 일도 하지 못하고, 긴장해서 그 일에 온통 집중하지 않으면 아무 일도 하지 못하는 것이다. 사소한 주제가 주어져도 내 영혼은 스스로 그것을 부풀리고 힘이 닿는 데까지 그 주제를 확대해나가기를 좋아한다. 그런 까닭에 내 영혼이 아무 일도 하지 않는다는 것은 내게는 고통스러운 일이며 내 건강에도 해로운 일이다. 대개의 정신은 자신을 일깨우고 작동시키기 위해 외부의 재료를 필요로 하지만, 내 정신은 오히려 자신을 가라앉히고 쉬게 하기 위해 그것을 필요로 한다. "무위의 악덕은 노동으로 떨쳐버려야 한다."(세네카) 왜냐하면 정신의 가장 중요한 연구는 자기 자신을 연구하는 것이기 때문이다.

고요히 눈을 감고
깊이 생각하다

　　자신을 살필 줄 알고 그 일에 힘차게 매진할 줄 아
는 자에게, 명상은 강력하고 충실한 공부가 된다. 나는
정신 속에 무언가를 채워넣기보다 차라리 정신을 단련
하기를 좋아한다. 자신의 사상과 대화를 나누는 것은
그 사람의 정신 됨됨이에 따라 나약한 것이 될 수도, 강
력한 것이 될 수도 있다. 가장 위대한 영혼은 명상을 항
구적인 일거리로 삼는다. 왜냐하면 그들에게 "산다는
것은 생각하는 것"(키케로,《투스쿨룸 대화》)이기 때문이
다. 게다가 자연은 명상에 다음과 같은 특권을 베풀었
다. 즉 우리가 명상보다 더 오래 계속할 수 있는 것은
없으며, 명상보다 일상적으로 쉽게 몰두할 수 있는 것
도 없다는 말이다. 아리스토텔레스는 "명상은 신들이
하는 일이며, 거기서 신들의 행복과 우리의 행복이 생
겨난다"라고 말했다. 독서는 특히 여러 가지 주제를 통

해 나의 사고를 일깨우며, 나의 기억력이 아니라 판단
력에 도움이 된다.

6장

세 가지 교제에
관하여

톰마소 다 모데나, 〈루앙의 니콜로 추기경〉(1351~1352).

'네가 할 수 있는 것을 하라'

우리의 영혼은 긴장하지 않고 자연스러울 때가 가장 아름답다. 가장 좋은 일은 우리의 영혼이 최소한으로 압력을 받는 것이다. 자신의 능력에 맞게 욕망을 조절할 줄 아는 사람들에게 지혜는 얼마나 좋은 일을 해주는가? 그 이상으로 유용한 지식은 없다. '네가 할 수 있는 일을 해라'는 소크라테스가 즐겨 하던 말로, 중요한 의미를 담고 있다. 우리의 욕망이 가장 얻기 쉽고 가장 가까이에 있는 사물로 향하게 한 다음 거기서 멈추게 해야 한다. 운명에 의해 나와 연결된 수많은 사람들, 그들 없이는 내가 살아갈 수 없는 수많은 사람들과 어울리지 못하고, 평소에 사귀는 범위 외에 있는 한두 사람에게 집착하거나 도저히 손에 넣을 수 없는 것에 대한 허황된 욕망에 매달리는 것은 어리석은 태도가 아닐까?

대화의
즐거움에 대하여

　　나는 겹이 여럿인 정신, 다시 말해 긴장할 수도 있고, 긴장을 풀 수도 있고, 운명이 자신을 어디로 데려가든 만족할 수 있고, 건축이나 사냥이나 소송 문제에 대해 이웃과 이야기를 나눌 수 있고, 목수나 정원사와도 즐겁게 대화할 수 있는 정신을 기꺼이 칭찬하고 싶다. 가장 비천한 하인과도 알고 지내고, 집안사람들과도 허물없이 이야기를 주고받을 수 있는 사람이 부럽다.

　　내가 친하게 지내고 싶은 사람들은 이른바 '점잖고 재능 있는' 사람들이다. 그런 사람들에 대한 내 생각이 그렇지 않은 사람들을 싫어하게 만든다. 그런데 잘 생각해보면 그것은 우리의 존재 방식 가운데 가장 희귀한 것이며, 주로 우리의 본성에 기인한 문제이다. 그런 교제의 목적은 친밀하게 사귀고, 자주 만나고, 이야기를 주고받는 것일 뿐이며, 정신의 단련이어서 별다른 성과는 없다. 우리의 대화에서 화제가 무엇이든 나는 상관이 없다. 무게나 깊이가 없더라도 개의치 않는다. 우리의 대화에는 항상 우아함과 적절함이 있기 때문이다. 모든 것에 원숙하고 일관된 판단이, 선량함과 솔직함, 쾌활함과 우애가 깃들어 있다. 우리의 정신이 아름다움과 힘을 나타낼 수 있는 것은 직계 비속에 대한 재산 상속이나 왕의 정무政務 등의 문제에만 국한되는 것은 아니다. 우리의 정신은 사적인 대화에서도 마찬가지로 아름다움과 힘을 발휘하는 것이다. 나는 내가 교제하고 싶은 사람들이 침묵할 때건 미소 짓고 있을 때건 알아볼 수 있다. 그리고 회의 때보다 식탁에 앉아 있을 때 그들을 더 수월하게 알아볼 수가 있다. 히포마코스가 "길을 걸어가는 것만 봐도 나는 그들이 훌륭한 격

투사인지 아닌지 알 수 있다"라고 한 것은 지극히 이치
에 맞는 말이다.

책은 언제나
대기 상태인 벗이다

　존경할 만한 남자들과의 교제 그리고 아름답고 정숙한 여자들과의 교제, 이 두 가지 교제는 우연적이고 타인 의존적이다. 첫째 교제는 드물어서 힘들고, 둘째 교제는 나이와 더불어 시들해진다. 그런 탓에 이 두 가지 교제는 살아가면서 필요한 만큼 나를 충분히 채워주지 못했다. 셋째 교제는 책과의 교제인데, 이것이 우리로 하여금 훨씬 더 확실하고 사적인 관계를 맺게 해준다. 앞의 두 가지 교제가 가진 장점을 제공해주지는 못하지만, 책과의 교제는 꾸준히 그리고 매우 쉽게 누릴 수 있다는 고유한 장점을 지닌다. 그것은 인생행로에서 줄곧 나와 동행하고, 어디를 가든 나를 도와준다. 노년과 고독 속에 있는 나를 위로해주고, 견딜 수 없을 정도로 한가할 때 그 무게를 덜어주고, 성가시게 하는 사람들에게서 언제든지 벗어나게 해준다. 고통이 극도

에 달했거나 나를 완전히 엄습한 때가 아니라면, 책과
의 교제는 고통의 공격을 무디게 만들어준다. 괴로운
생각에서 벗어나려면 책에 도움을 청하면 된다. 책은
이내 주의를 다른 데로 돌리게 하고 고통을 덜어준다.
또한 내가 보다 실재적이고 생생하고 자연스러운 다른
즐거움이 없을 때만 찾더라도 결코 불평하지 않으며,
언제나 똑같은 얼굴로 나를 맞아준다.

나는 구두쇠가 보물을 향유하듯이 책을 향유한다.
내가 원할 때 그것을 향유할 수 있음을 알기 때문이다.
내 마음은 그런 소유의 권리만으로도 만족감과 포만감
을 느낀다. 나는 평화로울 때든 전쟁 중일 때든 책 없이
는 여행하지 않는다. 하지만 며칠이고 몇 달이고 책을
들춰보지도 않고 지내는 경우도 있다. 그래도 조금 있

다가 읽자, 또는 내일 읽자, 또는 마음 내키면 읽자, 하며 넘긴다. 세월은 달음질쳐 흘러가지만, 나는 그렇다고 마음 아파하지 않는다. 책들이 내 곁에 있어서 내가 원할 때 나에게 즐거움을 줄 거라는 생각을 하면 얼마나 위로가 되는지, 책들이 내 인생에 얼마나 도움이 되는지 이루 다 말할 수 없기 때문이다. 책은 내가 살아온한평생에서 찾아낼 수 있었던 최상의 양식이다. 그러므로 나는 뛰어난 식견을 가졌지만 책을 갖고 있지 않은 사람들을 몹시 딱하게 여긴다. 책이 주는 즐거움이나에게서 없어지는 일이란 도저히 있을 수 없으므로, 오히려 나는 그 밖의 다른 즐거움들이 하찮은 것일지라도 기꺼이 그대로 받아들인다.

나는 서재에서
하루의 대부분을 보낸다

　내 '서재'는 탑의 4층에 있다. 2층은 예배실이고, 3층에는 거실과 그 부속실이 있는데, 혼자 있고 싶을 때 거기서 자곤 한다. 그 위에 넓은 방이 하나 있다. 전에는 우리 집에서 가장 쓸모없는 방이었다. 그러나 이제 나의 '서재'가 되었다. 나는 그곳에서 대부분의 날들과 하루의 대부분을 보낸다. 밤에는 그곳에 있는 경우가 결코 없다. 서재에 딸린 꽤 멋진 작은 방도 있는데, 겨울에는 불을 피울 수 있고, 창문이 아주 알맞게 뚫려 있어 볕이 잘 든다. 만약 내가 비용이나 잡다한 여러 가지 공사를 두려워하지 않는다면, 같은 높이로 길이 백 걸음, 너비 열두 걸음의 복도를 만들어서 서재 양쪽에 덧붙일 수도 있었을 것이다. 왜냐하면 그곳에, 다른 용도로 예정된 것이긴 하지만, 나에게 필요한 높이의 벽이 만들어져 있었기 때문이다. 모든 은둔 장소에는 산책

할 곳이 필요하다. 나의 사고思考는 앉혀놓으면 잠들어
버린다. 나는 다리를 움직여주지 않으면 정신이 움직
이지 않는다. 책 없이 공부하는 사람은 모두들 그 모양
이다.

나는 오직
나만을 위해서 산다

　　무사[19] 여신을 노리개나 소일거리로 삼는 것은 그들에 대한 모독이라고 말하는 사람이 있다면, 그 사람은 나와 달리 즐거움과 놀이와 소일거리가 얼마나 가치 있는지를 모르는 것이다. 좀 과장해서 말한다면, 인생에서 그 밖의 다른 목적들은 모두 우스꽝스럽다고까지 말하고 싶을 정도다. 나는 그날그날을 살아간다. 그리고 이렇게 말하기는 좀 그렇지만, 오직 나만을 위해 산다. 나의 여러 가지 계획은 거기서 끝난다. 나는 젊어서는 남에게 과시하기 위해 공부했다. 그다음에는 현명해지기 위해 공부했고, 지금은 재미로 한다. 결코 무언가를 얻기 위해 공부하지는 않는다. 책을 마치 가구처럼 갖춰놓고 필요를 충족시키거나, 더 나아가 책으로 벽을 채우거나 장식하고 싶은 허영심에 사로잡혀 돈을 헛되이 쓰려는 생각은 털어버린 지 이미 오래다.

책은 선택할 줄 아는 사람들에게는 유쾌한 특질이 많다. 그러나 아무리 좋은 일에도 고생은 따르게 마련이다. 책이 주는 즐거움도, 다른 모든 즐거움과 마찬가지로, 아무런 대가 없이 쉽게 얻을 수는 없다. 그것 나름의 어려움이, 상당히 견디기 힘든 어려움이 존재한다. 다시 말해 정신은 책을 통해 활동이 늘어나지만, 육체는 내가 보살피는 일을 게을리하지 않아도 그동안 아무런 활동도 하지 않게 되어 쇠약해지고 무기력해진다. 나처럼 노쇠해가는 나이에는 책을 지나치게 읽는 것보다 더 해롭고 피해야 하는 일은 없다고 생각한다.

7장

내가 보기에
가장 아름다운
삶은

몽테뉴의 친필이 쓰인 《수상록》 보르도판(1588)의 '독자에게'.

독자여, 나는 이 책을 거짓 없이 바르고 진실되게 기록했다. 미리 말해두지만, 내가 이 책에 쓰는 것은 내 사소한 일상과 개인사에 불과하다. 여러분에게 이득이 되는 일이라든가 나에게 명예가 되는 일 따위는 전혀 염두에 두지 않았다. 나에게는 그런 것을 생각할 여력이 없다. 내 일가친척과 친구들을 위한 특별한 용도로 이 책을 쓰게 되었다. 조만간 내가 세상을 떠난 뒤 그들이 이 책에서 나의 행동이나 기질의 특징을 조금이나마 찾아볼 수 있도록, 또 그렇게 함으로써 그들이 나에 대해 알고 있는 바를 더욱 올바르고 생생하게 간직할 수 있도록 말이다. 세상 사람들의 환심을 사고 싶었다면, 나 자신을 좀 더 그럴듯하게 꾸몄을 것이다. 그러나 나는 본연의 나 자신을, 자연스럽고 일상적이고, 의도적으로나 인위적으로 꾸미지 않은 나 자신을 보여주고 싶다. 내가 그리는 대상이 바로 나 자신이기 때문이다. 독자들에게 실례가 되지 않는 범위 내에서 내 결점들과 타고난 내 존재 방식도 또렷하고 분명하게 그릴 것이다. 태초의 법칙을 따르며 즐겁고 자유롭게 살고 있다는 그 인종[20]에 내가 속해 있다면, 장담하건대 나 역시 온통 벌거벗은 모습으로 그렸을 것이다.

　　독자여, 이 책의 소재는 바로 나 자신이다. 그러므로 이토록 하찮고 부질없는 주제에 여러분의 시간을 헛되이 낭비하는 것은 옳지 못한 일이다. 그럼 안녕히 계시기를.

　　몽테뉴 성城에서, 1580년 3월 1일.[21]

행복과 불행은
우리 자신에게 달려 있다

　말의 가치는 승마 연습장에서 훈련하는 모습뿐만
아니라 천천히 걷고 있는 모습으로도, 아니 마구간에서
쉬고 있는 모습으로도 판단할 수 있다. 정신의 작용 중
에는 수준이 낮거나 뒤떨어지는 것도 있다. 하지만 그
런 면을 보지 못한다면 정신을 온전히 안다고 할 수 없
다. 정신을 제대로 관찰하려면 정신이 보통 걸음으로
걷고 있을 때가 더 좋다. 정신은 고결한 상태에서 특히
정념의 바람에 휩싸이기 쉽다. 그리고 정신은 각각의
재료에 자신의 전부를 쏟아부으므로, 결코 한 번에 한
가지 이상은 다루지 않는다. 정신은 재료 자체의 성질
에 기초해 재료를 다루는 것이 아니라, 정신 그 자체가
이해하는 바에 기초해 다룬다. 사물은 자체의 무게와
치수, 그 밖의 여러 가지 성질을 지니고 있다. 그런데 사
물이 일단 우리 내부로 들어오면 정신은 그 사물을 자

신이 이해하는 바에 따라 마름질한다.

　죽음은 키케로에게는 끔찍한 것이지만, 카토에게
는 바람직한 것이고, 소크라테스에게는 아무래도 좋은
것이다. 건강, 양심, 권위, 지식, 부富, 아름다움, 그리고
그것과 반대되는 요소들은 모두 정신의 입구에서 완전
히 발가벗겨져 정신으로부터 새로운 옷과 갈색, 녹색,
밝은색, 어두운 색, 점잖은 색, 짙은 색, 옅은 색 등 각각
에 어울리는 새로운 색깔을 부여받는다. 사람들의 정
신에는 저마다의 양식, 규준, 본보기가 있기 때문에 결
코 똑같은 결정을 내리지 않는다. 각자가 자기 나라의
여왕인 것이다.

　그러므로 사물의 외적인 성질을 탓하며 우리 자신
을 변명하는 짓은 더 이상 하지 말자. 오히려 사물에 성
질을 부여한 우리 자신에게 설명을 요구하기로 하자.

우리의 행복과 불행은 오직 우리 자신에게 달려 있다. 공물供物과 서원誓願을 운명이 아니라 우리 자신에게 바치자. 운명은 인간의 기질에 대해 아무런 실권도 없다. 오히려 우리의 기질이 운명을 끌고 가 운명의 형태를 주조하는 것이다.

나는 내 안을
들여다본다

　　세상 사람들은 늘 앞에 있는 것만 바라본다. 나는
내 안으로 눈길을 돌려 고정하고, 그 안을 부지런히 들
여다본다. 사람들은 저마다 앞만을 바라본다. 나는 내
안을 들여다본다. 나는 나만을 들여다본다. 끊임없이
나를 검토하고, 나를 분석하고, 나를 맛본다. 다른 사람
들은 생각한다고 하면서도 늘 딴 데로 가며, 앞으로만
간다.

　　아무도 자기 안으로 들어가려고 노력하지 않는다.
　_페르시우스

　　하지만 나는 나 자신 안에서 이리저리 뒹군다.

서로
대화하라

　정신을 훈련하는 가장 효과적이고 자연스러운 방법은 대화라고 생각한다. 대화는 인생의 다른 어떤 행위보다도 감미롭다. 따라서 만약 지금 내가 어느 하나를 선택해야 한다면, 눈을 버리고 귀와 혀를 선택할 것이다. 아테네인이나 로마인들은 아카데미에서 대화 훈련을 대단히 중시했다. 그리고 오늘날에는 이탈리아인들이 얼마간 그런 경향을 지니고 있어서 그 덕을 크게 보고 있는데, 가령 우리의 정신과 그들의 정신을 비교해보면 그런 점을 잘 알 수 있다. 책을 통한 공부는 차분하고 평온한 것이어서 단번에 우리의 정신을 자극하지 못하지만, 대화는 단번에 우리의 정신을 일깨우고 단련해준다. 강한 정신을 지닌 만만찮은 상대와 논쟁할 경우, 상대는 내 옆구리를 누르고 좌우로 찌르며 자기 사상으로 내 사상을 자극한다. 그리하여 질투심·명예심·경쟁심이 나를 밀어대고, 나로 하여금 능력 이상의 힘을 발휘하게 한다. 그러니 견해가 일치하는 것만큼 대화를 매우 따분하게 만드는 것도 없다.

우리의 정신은 건강하고 성숙한 정신과의 교제를 통해 강화된다. 나약하고 병약한 정신과의 지속적인 왕래는 우리의 정신을 타락시키고 퇴화시킨다. 그것만큼 잘 퍼지는 전염병은 없다. 나는 그 해악이 어느 정도인지를 충분한 경험을 통해 알고 있다. 나는 반론을 제기하고 의견을 나눠 토의하는 것을 좋아하지만, 소수의 사람들과 사적인 용도로만 한다. 왜냐하면 권력자들에게 구경거리로 제공되거나 사람들의 이목을 끌기 위해 재치와 수다를 과시하는 것은 명예를 중시하는 사람에게는 어울리지 않는 행동이기 때문이다.

나는 모든 인간을
동포로 생각한다

소크라테스가 그렇게 말했기 때문이 아니다. 내 생각이 진심으로 그렇다. 조금은 과장된 말이겠지만, 나는 모든 인간을 동포로 생각한다. 폴란드인도 프랑스인과 마찬가지로 포용하며, 같은 국민으로서의 결속을 모든 인간에게 공통되는 보편적인 결속 다음에 둔다. 나는 태어난 고장의 감미로운 공기 때문에 애태울 생각이 없다. 나에게 새로 생긴 지인들은, 이웃에 살아서 우연히 알게 된 지인들만큼이나 가치 있다고 생각한다. 노력을 통해 만든 친구들은 일반적으로 지연이나 혈연으로 맺어진 친구들보다 더 우위에 있다. 자연은 우리를 자유롭고 속박되지 않는 존재로 이 세상에 내어놓았는데, 우리는 스스로 자신을 특정한 지역에 가둬놓는다.

인생이란
그런 것이 아니다

　　나는 지극히 사적인 '어휘 사전' 같은 것을 가지고
있다. 나는 날씨가 나쁘거나 불쾌하면 시간을 '통과'시
킨다. 그러나 날씨가 좋을 경우에는 시간을 '통과'시키
지 않는다. 시간을 몇 번이고 맛보고, 그 시간에 멈춰
있다. 나쁜 시간은 통과시키고, 좋은 시간은 주저앉혀
야 한다. '심심풀이passe-temps'와 '시간을 보내다passer le
temps'라는 통상적인 표현은 저 '현명한' 사람들이 따르
는 삶의 방식을 잘 보여준다. 그들은 자신의 인생을 흘
러가게 하고, 지나가게 하고, 인생에서 벗어나고, 인생
을 교묘하게 피하고, 가능한 한 인생을 무시하고 인생
에서 달아나는 것만큼 멋진 삶의 방식은 없다고 생각
한다. 마치 인생이란 고달프고 경멸해야 하는 것인 양.
그러나 나는 인생이란 그런 것이 결코 아니라 소중한
것, 유쾌한 것이라고 생각한다. 현재 내가 위치한 인생

의 이 후반부에서도 그렇게 생각한다. 자연은 여러 가지 호의적인 장치를 곁들여서 우리에게 인생을 넘겨주었다. 그러므로 만약 인생이 우리에게 짐이 되거나 우리에게서 헛되이 빠져나간다면, 우리는 우리 자신을 탓할 수밖에 없다. "어리석은 자의 인생은 기쁨이 없고 흥분해 있으며 온통 미래로 향해 있다."(세네카) 나는 후회 없이 인생을 떠날 수 있도록 마음의 준비를 하고 있다. 그렇게 되도록 만들어져 있기 때문에 인생을 잃는 것이지, 고통스럽고 성가셔서 인생을 잃는 것은 아니다. 불쾌하지 않게 죽는 것은 인생을 즐기는 사람들에게만 어울리는 일이다. 인생을 즐기려면 노력을 해야 한다. 나는 다른 사람들의 두 배로 인생을 즐기고 있다. 왜냐하면 즐거움의 정도는 많든 적든 우리가 기울이는 열의에 달려 있기 때문이다. 내 인생이 별로 길지 않다는 것을 알고 있는 지금, 나는 인생의 무게를 늘려가려고 생각한다. 빠르게 달아나는 인생을 재빠르게 파악해서 붙들고, 분주하게 흘러가는 인생을 힘차게 향유함으로써 보충해나가려고 한다. 내가 가진 인생이 짧아지면 짧아질수록 인생을 더욱 심오하고 충만하게 만들어야 하는 것이다.

가장 아름다운 삶은
인간적인 본보기를 따르는 삶

자기 존재를 있는 그대로 누리는 것이야말로 절대적인 완성이며, 신적神的인 완성이다. 우리는 자신의 처지를 이해하려고 노력하지 않기 때문에 남의 처지를 탐하며, 자신의 내부에서 무슨 일이 벌어지고 있는지 모르기 때문에 자기 밖으로 나가려 한다. 하지만 죽마를 타봤자 부질없는 노릇이다. 죽마를 타면서도 결국 우리는 자신의 발로 걸어야 하기 때문이다. 또 세상에서 가장 높은 옥좌에 오른다 해도 자기 엉덩이로 앉기는 매한가지이다.

내가 보기에 가장 아름다운 삶은 보편적이고 인간적인 본보기를 따르는 삶, 질서가 있으면서 특별함도 괴상함도 없는 보통의 삶이다.

그런데 노년은 좀 더 상냥하게 대접받을 필요가 있다. 그러니 건강과 지혜의 수호신에게 쾌활하고 사교적인 지혜를 기원하도록 하자.

> 레토의 아들[21]이여, 내가 얻은 행복을
> 건강한 몸과 온전한 정신으로
> 누릴 수 있게 해주소서.
> 내 노년이 수치스럽지 않게 해주시고,
> 칠현금도 계속 탈 수 있게 해주소서._호라티우스

2부

죽음의 철학에서
삶의 철학으로

1장

철학이란
어떻게 죽어야 하는가를
배우는 것

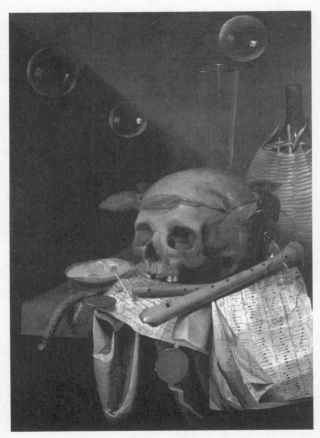

시몽 르나르 드 생탕드레, 〈바니타스〉(1650년경).

우리 생애의 목표는
죽음이다

우리 생애의 최종 목표는 죽음이다. 죽음은 우리 운명의 필연적인 목표다. 그런데 죽음이 두렵다면, 어떻게 떨지 않고 한 발짝이라도 앞으로 내디딜 수 있겠는가. 일반인들은 아예 죽음을 생각하지 않는 것으로 나름의 대처를 한다. 하지만 얼마나 짐승 같고 우둔하면 그렇게 무지하게 눈이 멀 수 있단 말인가. 그것은 당나귀의 꼬리에 굴레를 씌워 끌고 가는 것과 같다.

죽음은 얼마나 기습적으로
다가오는가

　나는 1533년 2월의 마지막 날 오전 열한 시에서 정오 사이에 태어났다. 내가 서른아홉을 넘긴 것은 정확히 보름밖에 되지 않는다. 앞으로 적어도 그 정도는 더 살아야 한다. 그렇게 먼 미래의 일을 생각하며 지금부터 노심초사하는 것은 어리석은 짓이리라. 하지만 어쩌랴. 젊은이나 늙은이나 똑같은 방식으로 세상을 떠나는 것을.

　당신은 이미 일반인의 수명을 넘겼다. 이 말이 의심스럽다면 당신이 아는 사람들 중에 당신 나이에 이르지 못하고 죽은 사람의 수가 당신 나이를 넘은 사람의 수보다 얼마만큼 많은지 헤아려보라. 그리고 명성으로 자신의 삶을 고귀하게 만든 이들의 명단을 작성해보라. 장담하는데, 서른다섯 살을 넘겨 산 사람보다 그 전에 죽은 사람이 더 많다는 사실에 직면하게 될 것이다. 예수 그리스도를 예로 드는 것은 이성에도 신앙에도 어긋나지 않는다. 예수는 서른세 살에 돌아가셨다. 인류 중 가장 위대한 인간이었던 알렉산드로스[1]도 그 나이에 죽었다.

죽음은 얼마나 기습적으로 다가오는가?

항상 충분히 조심한다 해도
피해야 할 위험을 피할 수는 없는 법이다._호라티우스

열병이나 늑막염 같은 것은 제쳐놓겠다. 지척의 클레멘스 교황[2]이 리옹에 입성할 때 브르타뉴 공작이 군중에 치여 압사할 줄 누가 예상이나 했겠는가. 우리 왕 가운데 한 분[3]은 경기를 하다가 죽지 않았던가. 또한 그의 조상 한 분[4]은 돼지와 부딪혀 죽지 않았던가. 아이스 킬로스는 집이 무너져 죽는다는 예언에 질겁하여 옥외에서 살았건만 별 소용이 없었다. 하늘을 날던 독수리가 떨어뜨린 거북 등껍질에 맞아 죽었기 때문이다. 어떤 사람은 포도 씨 때문에 죽었고, 어떤 황제는 머리를 빗을 때 긁힌 상처 때문에 죽었다. 아에밀리우스 레피두스[5]는 자기 집 문지방에 걸려 넘어져 죽었으며, 아우피디우스는 회의실에 들어가다가 문에 부딪혀 죽었다.

로마의 집정관 코르넬리우스 갈루스, 로마의 기동부대 대장 티겔리누스, 만토바 후작이었던 귀도 데 곤차가의 아들 루도비코는 여자의 사타구니 사이에서 죽었으며, 심지어 플라톤의 제자인 철학자 스페우시포스와 우리 교황들 중 한 분[6]도 그렇게 죽었다. 재판관 베비우스는 고소인 한 명에게 일주일의 유예 기간을 허

락했는데 그사이에 운 나쁘게도 정작 자신의 삶이 다
해 죽었으며, 의사인 카이우스 율리우스는 환자의 눈
을 치료하는 동안 죽음이 찾아와 도리어 자신이 눈을
감았다.

내 집안일까지 덧붙이자면, 내 동생 가운데 생마르
탱[7] 대위는 스물일곱 살에 이미 명성을 떨치고 있었지
만, 죄드폼[8]을 하다가 오른쪽 귀 윗부분에 공을 맞았다.
멍이 들거나 상처를 입지는 않았다. 그래서 잠시 앉지
도 쉬지도 않았지만, 공에 맞은 일이 원인이 되어 대여
섯 시간 뒤에 뇌졸중으로 죽었다. 이런 일들이 예사로
우리 눈앞에서 벌어지는데 어떻게 우리가 죽음을 생각
하지 않을 수 있으며, 어떻게 죽음이 끊임없이 우리에
게 덫을 놓고 있다는 생각을 떨쳐버릴 수 있단 말인가.

걱정할 것 뭐 있어, 어떻게 죽건 그게 무슨 상관이

야, 라고 말할 수도 있다. 물론 나도 그렇게 생각한다. 죽음의 습격을 피할 수만 있다면, 나는 송아지 가죽[9]을 뒤집어쓰는 일도 마다하지 않을 것이다. 왜냐하면 내 생애를 평온하게 보낼 수만 있으면 그것으로 만족하기 때문이다. 그리고 내가 나 자신에게 할 수 있는 최선이 그것이라면, 설령 그것이 당신이 보기에 명예롭지 못하고 모범적이지 못하더라도 나는 그것을 택할 것이다.

내 결점들이 나를 즐겁게 하거나
내 눈을 속여준다면
현자가 되어 괴로워하기보다는 차라리
바보나 멍청이로 마음 편히 살고 싶다._호라티우스

그러나 그것으로 문제가 끝난다고 생각하면 오산이다. 사람들은 오가고, 뛰고, 춤춘다. 하지만 죽음에 대해서는 아무것도 알지 못한다. 참으로 좋은 일이다. 그러나 죽음이 그들 자신이나 그들의 아내, 자식들, 친구들에게 무방비로 느닷없이 덮쳐온다면, 얼마나 큰 고통과 절규와 분노와 절망이 그들을 짓누르겠는가. 사람들이 그렇게 꺾이고, 변해버리고, 당황하는 꼴을 일찍이 본 적이 있는가. 그러므로 우리는 미리 죽음에 대비하고 있어야 한다.

매일매일을
마지막 날로 생각해라

그러므로 죽음이라는 적에 당당하게 맞서 싸우는 법을 배우자. 그리하여 우선 우리를 압도하는 적의 가장 큰 강점을 빼앗기 위해, 사람들이 흔히 선택하는 길과는 정반대되는 길을 택하자. 적에게서 기이한 면을 없애고, 적과 자주 사귀어 익숙해지고, 무엇보다도 종종 죽음을 염두에 두도록 하자. 매 순간 죽음을, 죽음의 온갖 모습을 상상 속에 그리자. 말馬이 딴 길로 벗어나도, 기왓장이 떨어져도, 장식 핀에 살짝 찔려도, '그런데 만일 이게 죽음이라면?' 하고 되새기면서 죽음에 대해 단단해지자. 그리고 우리 자신을 강하게 단련하자.

축제와 쾌락 한가운데에서도 우리의 조건을 상기시키는 다음의 후렴을 언제나 마음에 두자. 그리고 쾌락에 지나치게 혼을 빼앗겨, 그런 희열이 얼마나 많은 방식으로 죽음의 먹이가 될 수 있는지, 얼마나 많은 장소에서 죽음의 위협을 받고 있는지 잊지 말고 늘 상기하자. 그래서 이집트인들은 연회가 무르익어 가장 맛있는 음식이 나올 때 죽은 사람의 해골을 가져오게 하여 잔치에 모인 사람들에게 경고로 삼았다.

매일매일을 마지막 날로 생각해라.
그러면 기대하지 않았던 시간들로
충만해짐을 느낄 것이다._호라티우스

죽음에 대해 생각하는 것은
자유에 대해 생각하는 것이다

  죽음이 어디서 우리를 기다리는지 알 수 없으니,
어디서든 죽음을 기다리자. 죽음에 대해 미리 생각하
는 것은 자유에 대해 미리 생각하는 것이다. 죽는 법을
배운 사람은 노예 상태에서 벗어난 사람이다. 생명의
상실이 나쁜 것만은 아님을 깨달은 사람에게 인생에서
나쁜 것이란 아무것도 없다. 죽는 법을 알면 모든 예속
과 속박에서 벗어난다.

  사실 무슨 일이든 자연이 조금이라도 도와주지 않
으면, 기술이나 솜씨가 진보할 가능성은 많지 않다. 나
는 본디 우울한 사람이 아니라 몽상가이다. 죽음에 대
한 생각만큼 내 머릿속을 많이 차지했던 것은 아무것
도 없다. 내 생애 중 가장 방탕했던 시기에,

활짝 핀 내 인생이 화사한 봄을 즐기고 있을 때

_카툴루스[10]

여자와 유흥에 빠져 있던 나를 보고 어떤 사람은 내가 어떤 질투심이나 불확실한 희망으로 괴로워하고 있지는 않은가 하고 생각했을지 모른다. 하지만 사실 그때 나는 며칠 전 나처럼 나태와 사랑과 찬란한 과거 따위로 머리가 가득 찬 채 축제에서 돌아오는 길에 느닷없이 심한 열병에 걸려 죽은 미지의 남자를 생각해 내고, 나도 혹시 죽음에 코가 꿰지나 않을까 하고 염려했던 것이다.

현재는 곧 지나가 버려

다시는 불러들일 방도가 없다._루크레티우스

하지만 나는 다른 생각을 할 때와 마찬가지로, 그런 생각 때문에 이마를 찌푸리는 일은 더 이상 없다. 누구나 처음에는 그런 생각이 가져다주는 아픔을 느낄 수밖에 없다. 그러나 자꾸 다뤄보고 되씹다 보면 결국에는 그런 생각들도 길들일 수 있는 법이다. 그렇지 않다면 나는 끊임없는 공포와 불안에 사로잡혀 있었을 것이다. 왜냐하면 나만큼 생명을 미덥지 않게 여기고, 나만큼 자기 수명에 대해 자신 없는 사람도 없으니 말이다. 지금까지 나는 무척 튼튼해서 거의 아픈 적 없이 건강을 누리고 있지만, 그 건강도 생명에 대한 나의 기대를 연장해주지 못하며 질병이 그것을 단축시키지도 못한다. 나는 매 순간 내게서 기력이 빠져나가는 것을 느낀다. 그리고 나 자신을 향해 끊임없이 되뇐다. 언젠가 일어날 수 있는 일은 오늘도 일어날 수 있다고.

언제라도 장화를 신고
떠날 채비를 하고 있어야 한다

우리는 힘이 닿는 한 언제라도 장화를 신고 떠날 채비를 하고 있어야 한다. 특히 그때에는 오로지 자기 자신에게만 관심을 기울여야 한다.

어찌하여 우리는 지치지도 않고 그토록 짧은 생애 동안 그토록 많은 일을 하려 하는가? _호라티우스

왜냐하면 그때가 되면 다른 일을 더 하지 않아도 우리가 해야 할 일이 충분할 것이기 때문이다. 어떤 사람은 죽음 그 자체보다 죽음 때문에 자신의 빛나는 삶이 끝나는 것을 한탄한다. 어떤 사람은 딸을 시집보내기 전에 혹은 자식들의 교육을 마치기 전에 세상을 떠나는 것을 한탄한다. 어떤 사람은 인생의 가장 큰 낙樂이었던 아내의 곁을, 또 어떤 사람은 아들의 곁을 떠나

는 것을 슬퍼한다.

다행스럽게도 나는 하느님이 원하실 때 언제고 나를 불러 가신다 해도 별 미련 없이 이 세상을 떠날 수 있다. 나는 나를 옭매고 있는 모든 매듭을 풀었다. 나를 제외한 모든 사람과 작별 인사를 거의 마쳤다. 그 누구도 나만큼 소탈하고 완벽하게 세상을 떠날 준비를 하지 않았을 것이며, 나보다 더 빠짐없이 골고루 세상과 작별하려고 애쓰지도 않았을 것이다. 가장 죽은 것 같은 죽음이 가장 온전한 죽음이다.

그들은 말한다.
참으로 불행하고 불행하도다,
단 하루가 내 전 재산과 내 인생의
모든 행복을 앗아가다니. _루크레티우스

죽는 법을 가르치는 자는
사는 법도 가르칠 것이다

　인간에게 죽는 법을 가르치는 자는 사는 법도 가르칠 것이다. 디카이아르코스[11]가 그런 제목의 책을 썼지만 그것은 다른 목적을 둔, 그다지 유익하지 않은 책이었다.

　사람들은 나에게 "죽음의 실체는 우리의 상상을 능가하므로, 죽음과 마주치면 아무리 훌륭한 검술도 가소로워질 것이다"라고 말할지도 모른다. 그들이 그렇게 말하도록 내버려두자. 왜냐하면 죽음에 대해 미리 그렇게 생각하는 것은 확실히 큰 이점이 있기 때문이다. 적어도 갈등이나 혼란 없이 거기까지 갈 수 있다는 것은 결코 사소한 일이 아니다. 아니, 이점은 또 있다. 자연조차도 우리에게 악수를 청하고 용기를 준다. 별안간 그리고 뜻밖에 죽음이 닥쳐올 경우, 우리는 그것을 겁낼 겨를이 없다. 하지만 반대의 경우, 병세가 나날이 깊어갈 경우, 삶에 대한 경멸감을 자연스럽게 느끼게 된다. 병에 걸려 있을 때보다 건강할 때 죽음을 받아들이기가 훨씬 더 어렵다는 것을 나는 안다. 삶의 유용성을 잊어버리고 삶의 쾌락을 더 이상 느끼지 않게 되면서부터 나는 인생의 낙에 더 이상 집착하지 않게 되었고, 따라서 예전보다 죽음에 대한 공포를 훨씬 덜 느끼게 되었다.

　그리하여 내가 삶에서 멀어질수록, 죽음에 가까워질수록 그만큼 삶과 죽음의 교환을 쉽게 받아들이게 되리라는 기대를 갖게 한다.

삶에서 죽음으로
다시 건너가라

그 무엇도 단 한 번만 일어난다면 진정으로 괴로운 것이 될 수는 없다. 그토록 짧은 동안의 일을 그토록 오랫동안 두려워할 이유가 있을까? 오래 사나 일찍 죽으나 죽음의 관점에서 보면 마찬가지다. 더 이상 존재하지 않는 사물에게는 길고 짧음이 적용될 수 없기 때문이다. 아리스토텔레스에 따르면, 히파니스 강변에는 단 하루밖에 살지 못하는 작은 동물들이 있다고 한다. 그 동물들 중 아침 여덟 시에 죽는 동물은 청춘에 죽는 것이고, 오후 다섯 시에 죽는 동물은 노후에 죽는 것이다. 그토록 짧은 동안의 일을 가지고 행복이니 불행이니 가르는 것을 보고 웃지 않을 사람이 있을까? 우리의 인생도 영원에 비교하거나 산과 별, 나무 또는 어떤 동물들의 수명에 비교하면, 우스꽝스럽기 짝이 없을 것이다.

그래서 자연은 우리에게 다음과 같이 할 것을 권한

다. 이 세상에 들어왔을 때처럼 이 세상에서 나가라고. 고통도 두려움도 없이 죽음에서 삶으로 건너왔던 그 길을 따라, 삶에서 죽음으로 다시 건너가라. 그대의 죽음은 우주라는 거대한 건조물의 한 부분일 뿐이다. 그것은 세상의 생명 가운데 한 요소이다.

인간들은 서로 생명을 주고받는다.
마치 경주자가 햇불을 주고받는 것처럼._루크레티우스

당신을 위해 이 아름다운 질서를 바꿀 수는 없다. 죽음은 당신의 창조 조건이며 당신의 일부분이다. 죽음을 피하는 것은 당신 자신을 피하는 것이다. 당신이 태어난 날은 삶과 죽음에 똑같이 다다르는 첫걸음인 것이다.

2장

죽음은
인생의 끝일 뿐
목표는 아니다

안토니오 데 페레다, 〈바니타스의 알레고리〉(1632~1636).

철학이 아무리 높은
이론을 세워도

삶은 물질적·육체적 움직임이며, 그 자체로 불완전
하고 순조롭지 못한 활동이다. 나는 삶이 요구하는 대
로 열심히 삶을 섬긴다.

각자 스스로 만든 운명을 감당한다._베르길리우스

자연의 법칙에 어긋나지 않도록 행동해야 한다.

그러나 이 법칙을 준수한 뒤에는,

자신의 천성을 따라야 한다._키케로

철학이 아무리 높은 경지에 다다라도 우리가 그 위
에 자리 잡을 수는 없다. 그것의 규칙이 우리의 관습과
능력을 넘어서는 것이라면 다 무슨 소용이란 말인가.
사람들은 종종 삶의 표본을 우리에게 제시하는데, 그

것을 제시하는 자도 듣는 자도 결코 그것에 따라 살지
는 못할 것이다. 아니, 나는 그런 삶의 방식을 바라지도
않는다.

인생을 자연스럽게 살아가는 것만큼
어려운 학문은 없다

　충만하고 순수한 삶은 극히 드물다. 우리는 매일 형편없고 부실하고, 일면만 훌륭한 사례들을 제시하면서 우리의 교육에 피해를 입히고 있다. 그런 사례들은 오히려 우리를 퇴보시키며, 우리를 바로잡아주기는커녕 타락시킨다.

　흔히 사람들은 잘못 생각하고 있다. 길 가장자리를 따라 걷는 것은 경계나 멈춤 또는 안내의 표시도 되기 때문에 넓게 열린 길 한복판을 걷는 것보다 훨씬 쉽다. 또한 학예를 따르는 것은 자연을 따르는 것보다 훨씬 쉽다. 하지만 그것은 훨씬 고귀하지도 않고, 가치 있지도 않다. 영혼의 위대함은 위로 올라가거나 앞으로 나아가는 것보다, 자신의 자리를 찾고 그 자리에 있을 줄 아는 데 있다. 또한 모자람 없이 넉넉한 것을 위대한 것으로 간주하고, 비범함보다 평범함을 사랑함으로써 자신의 수준을 보여준다. 인간으로서 자신의 모습을 잘 만드는 일만큼 아름답고 올바른 일은 없으며, 인생을 자연스럽게 살아가는 것만큼 어려운 학문은 없다. 우리의 병폐 중에서 가장 심각한 것은 우리의 존재를 경멸하는 것이다.

건전한 정신을 도야하는 데
학식은 별로 필요치 않다

편안하게 사는 데는 학식이 거의 필요하지 않다. 소크라테스도 학식은 우리 자신 속에 있다고 가르치고, 어떤 방법으로 그 학식을 찾고 사용할 수 있는지를 우리에게 알려주었다. 자연을 넘어서는 우리의 학식은 거의 다 불필요하고 쓸데없는 것이라고 해도 좋다. 그것이 우리에게 도움이 되기는커녕, 짐이 되거나 혼란을 초래하지만 않는다면 다행이다. "건전한 정신을 도야하는 데 학식은 별로 필요치 않다."(세네카) 학식은 우리의 정신이 너무 뜨거워져서 그 한계를 넘은 것이며, 혼란스럽고 불안정한 도구이다.

정신을 집중해 곰곰이 생각해보라. 그러면 죽음에 맞서 싸우게 하는 자연의 논거들을, 필요할 경우에 가장 적절하고 가장 도움이 되는 논거들을 자신 속에서 찾아낼 수 있을 것이다. 보잘것없는 농부가, 모든 민중이 철학자와 똑같이 의연하게 죽을 수 있는 것은 그 논거 덕분이다. 내가 키케로의 《투스쿨룸 대화》를 아직 읽지 않았다면 죽기가 더 힘들었을 거라고 생각하는가? 나는 그렇게 생각하지 않는다. 죽음의 순간을 맞이하고 보니, 말재주는 늘었으나 용기는 조금도 늘지 않은 것을 알게 되었다. 용기는 자연이 만들어준 그대로였으며, 죽음과의 싸움을 앞두고 일반적이고 자연스러운 방식만을 준비하고 있을 뿐이었다. 책은 나에게 가르침이라기보다 훈련에 가까웠다.

도대체 무엇 때문에 우리는 이렇게 줄곧 학문으로 스스로를 훈련하려 하는가? 아리스토텔레스도 카토도 모르고 본받을 만한 대상도 규범도 모른 채 대지 위에 흩어져 고개를 숙이고 열심히 일하는 가엾은 민중을 보라. 자연은 우리가 학교에서 그토록 관심을 가지고 배우는 것보다 훨씬 순수하고 훨씬 강한 인내심과 꿋꿋함의 실례를 그들에게서 날마다 끌어내고 있다. 그들 중에 가난을 대수롭지 않게 여기는 자가 얼마나 많은지 우리는 예사로 보지 않는가? 죽음을 바라거나, 불안해하거나 낙담하지 않고 정면으로 돌파하는 자가 얼마나 많은가? 지금 내 정원을 일구고 있는 저 남자는 오늘 아침에 아버지 또는 아들을 땅에 묻고 왔다. 그들은 병에도 그 가혹함을 누그러뜨리는 이름을 붙여준다. 그들에게 폐결핵은 기침이고, 이질은 설사고, 늑막염은 감기다. 그리고 이렇게 순한 이름으로 부르는 만큼 병 자체도 수월하게 견디고 있다. 그들이 평소 하던 일을 중단하는 때는 병세가 상당히 위태롭고 중할 때이다. 그들이 병석에 눕는 것은 오로지 죽기 위해서다.

아무리 둘러봐도
사람의 모습이 보이지 않는다

　　내가 영지에서 얻는 수입은 대부분 농사에서 나온
다. 그런데 나를 위해 일하던 백 명의 일꾼이 벌써 오랫
동안 일을 못하고 있었다.

　　그런 상황에서 그 사람들이 보여준 순박함은 우리
에게 불굴의 본보기를 제공했다. 그들 대부분은 생명
을 보살필 생각을 포기하고 있었다. 이 지방의 주요 산
물인 포도는 포도나무에 그대로 달려 있고, 모두가 무
관심하게 오늘 밤이든 내일이든 죽음이 찾아오기를 기
다리고, 외형에도 목소리에도 별로 변화가 없었다. 그
들은 그것을 숙명으로, 누구나 당하는 불가피한 선고
로 여기는 듯했다. 물론 죽음이란 그런 것이다. 그러나
죽음 앞에서 사람들이 보이는 태도는 얼마나 하찮은
것에 달려 있는가! 몇 시간 차이로 죽느냐, 누군가가 보
는 자리에서 죽느냐, 이런 것들로 인해 죽음에 대한 생

각이 달라진다. 주변 사람들을 보라. 어린애도 젊은이도 늙은이도 같은 달에 죽는다는 이유로 더 이상 동요하거나 눈물을 흘리지는 않는다. 내가 본 어떤 이들은 오히려 홀로 뒤에 남겨지는 것을 끔찍한 고독 속에 남겨지는 것처럼 두려워했다. 그들의 유일한 걱정거리는 무덤에 대한 걱정뿐인 듯했다. 들판에 흩어진 시체 위에 짐승들이 우글거리는 꼴을 보기가 괴로웠던 것이다.

사람들의 생각은 얼마나 다른가! 알렉산드로스가 정복한 네오리트 사람들은 죽은 자들의 시체를 깊은 숲 속에 던져 짐승들의 먹이가 되게 하고, 그것을 행복한 장례로 여겼다. 어떤 사람은 아직 멀쩡한데도 벌써 제 무덤을 파고 있었고, 또 어떤 사람은 아직 살아 있는데도 무덤 속에 누웠다. 우리 집 일꾼 하나는 죽음이 다가오자 손발로 제 몸에 흙을 뿌려 덮었다. 좀 더 편히 잠들기 위해 몸을 피하려 했을 것이다. 그들이 보여준 용기 있는 태도는 칸Cannes 전투 후에 로마 병사들이 보여준 태도와 비교해도 손색이 없다. 로마 병사들은 자기들 손으로 판 구덩이에 머리를 박고 자기들 손으로 흙을 채우고 나서 질식해 죽었다. 요컨대 민중은 오직 자신의 행동을 통해 어떤 경지에 도달했고, 그 경지는 단호함이라는 점에서 연구와 심사숙고를 통해 얻은 그 어떤 결심에도 전혀 뒤지지 않았다.

아리스토텔레스보다
더 운이 좋다

　죽는 법을 모른다고 걱정하지 마라. 자연이 충분히
알아서 잘 가르쳐줄 것이다. 그것 때문에 공연히 속 썩
을 필요는 없다.

　우리는 죽음에 대한 걱정으로 제대로 살지 못하고,
삶에 대한 걱정으로 제대로 죽지 못한다. 죽음에 대한
걱정은 우리에게 고통을 주고, 삶에 대한 걱정은 우리
에게 공포를 준다. 우리가 죽음을 준비하는 것은 죽음
자체에 대비하기 위함이 아니다. 왜냐하면 그것은 너
무나 순간적이기 때문이다. 별다른 영향이나 손해 없
이 끝나는 십오 분 동안의 고통을 위해 그렇게 특별한
가르침을 받을 필요는 없다. 사실을 말하자면 우리는
죽음을 맞이할 연습을 하고 있는 것이다. 철학은 항상
죽음을 눈앞에 두고 때가 오기 전에 미리 예견하고 고

찰하라고 우리에게 명령하며, 그런 다음 우리가 그런 예견과 고찰로 인해 마음에 상처를 입지 않도록 채비 시키기 위해 규칙과 주의할 점을 가르쳐준다. 의사들이 하는 일도 마찬가지다. 그들은 약을 시험하고 기술을 연습하기 위해 우리를 질병 속으로 밀어 넣는다. 우리가 제대로 사는 법을 모른다면 우리에게 죽는 법을 가르치는 것은 부당하다. 또한 이제까지 흘러왔던 것과는 다른 방식을 인생의 말미에 제시하는 것도 부당하다. 우리가 견실하고 평온하게 살아갈 줄 안다면, 그와 같은 태도로 죽어갈 줄도 알 것이다. 철학자들은 제 마음대로 자랑해도 좋다. "철학자들의 인생은 온전히 죽음에 바쳐진 연구이다."(키케로)

그러나 내 생각에 죽음은 인생의 끝일 뿐 목표는 아닌 것 같다. 그것은 인생의 종말이고, 인생의 극단이지, 그 목적은 아닌 것이다. 인생은 그 자체가 목표이고 목적이어야 한다. 인생은 스스로 조절하고 처신하고 잘 참아내야 한다. 어떻게 죽을 것인가는 어떻게 살 것인가 하는 인간의 본질적 의무를 포함하는 여러 조건 가운데 하나이며, 우리의 불안이 죽음에 비중을 더 두지 않는다면 그중에서 가장 가벼운 것에 속한다.

　　태풍이 나를 어느 해안에 던져놓건,
　　나는 그곳의 손님이 된다. _호라티우스

　　나는 이웃에 사는 농부가 어떤 태도와 확신을 가지고 최후의 순간을 맞이할까 하고 고민하는 것을 본 적이 없다. 자연은 그에게 죽어갈 때가 아니면 죽음을 생각하지 말라고 가르친다. 따라서 죽어갈 때의 그는 죽음 자체와 죽음에 대한 긴 준비 때문에 이중고에 시달렸던 아리스토텔레스보다 더 운이 좋다. 카이사르의 표현을 빌리자면 가장 덜 예측된 죽음이 가장 행복하고 가벼운 죽음이다.

자연은 사려 깊고
공정한 안내자다

　　자연은 상냥한 안내자이지만, 그에 못지않게 사려
깊고 공정한 안내자다. "사물의 본질 속으로 파고들어
가 그것이 무엇을 요구하는가를 제대로 확인해야 한
다."(키케로) 나는 도처로 자연의 흔적을 찾아다닌다. 우
리가 인위적인 발자국으로 그것을 흩뜨려버렸기 때문
이다.

3부

나는 춤출 때는 춤추고
잠잘 때는 잠잔다

* 프랑스 갈리마르 출판사에서 2007년 펴낸 《수상록》의 편집자인 미셸 마니앵은 "몽테뉴의 《수상록》에 실린 글 중에서 딱 한 편만 고른다면?"이 라는 질문에 "3권 2장 '후회에 대하여'를 고르겠다"고 대답했다. 우리는 여기에 몽테뉴의 '임사 체험 기록'이라 할 만한 2권 6장 '훈련에 대하여' 를 보탰다.

1장

죽음은
대비할 수 있는
몽상이 아니다

•

2권 6장 '훈련에 대하여'

귀스타브 쿠르베, 〈부상당한 남자〉(19세기경).

우리는 이성적 사유와 교육을 기꺼이 신뢰하지만, 그것이 경험을 통해 우리의 영혼을 우리가 원하는 방향으로 나아가도록 훈련하지 않으면, 그것만으로 우리를 행동으로 이끌 만큼 강력하다고 할 수 없다. 경험이 없다면 그 영혼은 실제 행동에 착수할 때 분명 어려움을 겪게 될 것이다. 그렇기 때문에 철학자들 사이에서도 탁월한 경지에 도달하려고 했던 사람들은 가만히 숨어서 운명의 냉혹함을 기다리는 것만으로 만족하지 않았다. 싸움에 경험이 없는 풋내기로서 운명에 엄습을 당하지나 않을까 걱정했기 때문이다. 그들은 자진해서 운명에 맞서고, 어렵고 힘든 시련에 몸을 던졌다. 어떤 사람은 재산을 버리고 스스로 선택한 빈곤 속에서 살아가는 훈련을 했다. 또 어떤 사람은 고역과 고행으로 해악과 노고를 견딜 수 있도록 단련했다. 또 다른 어떤 사람들은 눈이나 생식기 같은 자기 몸의 가장 중요한 부분을 도려냈는데, 그런 부분을 지나치게 편안하고 즐겁게 사용하다가 자기 영혼의 견고함을 흐트러뜨릴까 봐 걱정했기 때문이다.

그러나 우리가 완수해야 할 가장 큰 과업인 죽음의 경우에는 어떤 실질적 훈련도 별 도움이 되지 않는다. 사람은 경험과 습관을 통해 고통과 수치와 가난과 그와 유사한 어려움 또는 시련에 맞서 자기를 굳건하게 만들 수 있다. 하지만 죽음은 평생 단 한 번밖에 겪어보지 못한다. 죽음에 직면해서 우리는 모두 초심자이다.

고대에는 시간을 매우 잘 쓸 줄 아는 사람들이 있었다. 그들은 죽음을 맛보고 음미하려 했으며, 정신을 긴장시켜 죽음에 도달하는 과정을 알아보려고 했다. 그러나 돌아와서 그것에 대해 우리에게 알려주지는 못했다.

죽음이라는 차가운 휴식이 찾아오면
아무도 잠에서 깨어나지 못한다._루크레티우스

로마의 귀족 카니우스 율리우스는 덕망이 높고 의
지가 강한 인물이었다. 그는 저 천박한 황제 칼리굴라
에 의해 사형 선고를 받았을 때 굳은 결의의 증거를 여
러 차례 보여주었다. 바야흐로 그가 사형 집행인의 손
에 맡겨졌을 때 그의 친구인 한 철학자가 물었다. "카니
우스, 지금 자네의 영혼은 어떤 상태인가? 영혼이 무엇
을 하고 있나? 자네는 무슨 생각을 하고 있나?" 친구의
물음에 그는 다음과 같이 대답했다. "나는 온 힘을 모으
고 단단히 준비해서 그토록 짧고 간단한 죽음의 순간에
영혼이 옮겨 가는 과정을 관찰할 수 있는지 살펴보고,
영혼이 자신의 퇴출을 얼마간이라도 느낄 수 있는지 알

아보고, 뭔가 알아낸 것이 있으면 가능한 한 돌아와서 친구들에게 알려줘야겠다고 생각하고 있네." 이 사람은 비단 죽음에 이르러서만이 아니라 죽어가는 동안에도 철학자였다. 죽음이 자기에게 가르침이 되기를 바라고 그처럼 중대한 사건 속에서도 다른 일을 생각할 여유가 있었다니, 얼마나 침착하고 고매한 사람인가!

그는 죽어가면서도 자신의 영혼을 지배하고 있었다.
_루카누스

그렇지만 나는 죽음을 길들이고, 어떤 의미로는 죽음을 시험해보는 방법이 있을 거라고 생각한다. 우리는 전적으로 완벽하지는 못하지만 적어도 무익하지는 않은, 그리고 우리를 보다 굳건하게 하고 의연하게 하는 죽음의 경험을 해볼 수 있다. 죽음에 도달하지는 못하더라도 접근할 수는 있고, 그것을 식별할 수도 있다. 죽음의 성채 안까지 들어갈 수는 없지만 적어도 그곳으로 향하는 통로를 볼 수는 있을 것이다.

　수면 취하는 모습을 주의 깊게 관찰해보라고 하는 것도 이유가 없지는 않다. 수면에는 죽음과 비슷한 점이 있기 때문이다. 우리는 얼마나 쉽게 각성 상태에서 수면 상태로 넘어가는가! 어쩌면 그리도 손실을 거의 느끼지 못하고 광명과 우리 자신에 대한 의식을 잃어버리는가! 수면이 우리에게서 모든 감각을 앗아가기 때문에 아마도 그것이 무익하고 자연에 반하는 것으로 여겨질지도 모르겠다. 그러나 자연은 수면을 통해 살아 있을 때와 죽은 뒤가 마찬가지가 되도록 우리를 만들어낸다는 사실을 가르쳐준다. 그리고 우리가 태어나면서부터 우리를 위해 사후死後로 간직해둔 저 영원한 상태를 보여줌으로써 우리를 그것과 친숙하게 하고 그것에 대한 공포를 없애주려 한다.

　나는 뜻밖의 끔찍한 사고를 당해 의식을 잃어본 사람은 있는 그대로의 죽음의 얼굴을 아주 가까이서 볼 뻔한 사람이라고 생각한다. 목숨이 다한 상태에서는 어떤 감각도 느낄 수 없기 때문에, 저세상으로 넘어가는 과정에서 고통이나 갑갑함이 생기지 않을까 두려워할 필요가 조금도 없다. 고통을 받기 위해서는 시간이 필요하다. 그런데 죽음의 시간은 너무도 짧고 빨리 흘러가서, 우리가 그것을 느끼기란 불가능하다. 우리가 두려워해야 할 것은 '죽음에 가까이 가는 것'이고, 이것은 우리가 경험해볼 수 있다.

　실제보다 상상에 의해 더 크게 느껴지는 것들이 많

다. 지금껏 나는 생애의 대부분을 완벽하게 건강한 몸으로 지내왔다. 완벽할 뿐만 아니라, 원기 왕성하고 혈기 왕성하다고 할 정도였다. 그처럼 굳세고 건강하고 삶의 환희에 차 있을 때 나는 병을 매우 끔찍한 것으로 생각했다. 그러나 병을 경험하자 그 아픔이 내가 두려워했던 것보다 훨씬 약하고 가벼운 것임을 알게 되었다.

나는 매일같이 다음과 같은 것들을 느낀다. 폭풍우 휘몰아치는 밤에 안락한 거실에서 따뜻하게 지내면서 그 시간 들판에 나가 있는 사람들을 생각하며 불안해하고 가슴 아파한다. 그러나 내가 들판에 나가 있을 때는 다른 곳에 있고 싶다는 생각을 조금도 하지 않는다.

방 한구석에 늘 틀어박혀 있다는 사실 하나만으로도 내게는 참을 수 없는 일이었다. 갑자기 그렇게 할 수 없이 일주일에서 한 달쯤 지내다 보니 건강이 나빠졌고 딱할 만큼 몸이 허약해졌다. 그리고 내가 병들었을 때 나 자신을 동정하는 것보다 건강했을 때 병자들을 더 동정했다는 것과 내가 하는 생각이 사태의 본질과 진실을 거의 반가량 더 크게 보이게 한다는 것을 알았다. 나는 죽음에 대해서도 그와 같기를 바란다. 또한 죽음을 준비하기 위해 내가 들이는 수고와 죽음의 충격을 완화하기 위해 내가 찾고 있는 도움이 별반 소용없기를 바란다. 그러나 알 수 없는 노릇이다. 어쨌든 죽음에 대해서는 아무리 조심해도 지나치지 않다.

우리나라의 세 번째인지 두 번째인지의 내전[1] 중이었던 어느 날(정확하게는 기억이 나지 않는다), 나는 집에서 1리외[2]쯤 떨어진 곳으로 산책을 갔다. 프랑스에 맹위를 떨치던 내전 한복판에서 살고 있었지만,[3] 집에서 무척 가까운 곳이었으므로 안전하다고 생각하고 충분한 채비도 갖추지 않은 채, 부리기에는 좋지만 별로 튼튼하지 않은 말을 타고 나갔다. 그런데 돌아오는 길에 뜻밖의 사고가 일어나는 바람에 그만 그 말이 평소 당해보지 못한 일에 부딪치게 되었다. 내 하인 중에 키 크고 힘센 사내가 하나 있었는데, 고삐에는 잘 이끌리지 않지만 원기 왕성하고 기운차고 억센 수렵용 비非거세마를 타고 폼을 한번 잡아볼 요량으로 동료들을 앞질러 내가 가는 길 앞으로 전속력을 다해 달려든 바람에, 그 거인처럼 단단하고 육중한 몸집으로 왜소한 나와 내 말에 벼락 치듯 부딪혀 사람과 말을 모두 거꾸로 내동댕이쳐버렸다. 말은 놀라서 쓰러지고, 나는 열두어 걸음쯤 떨어진 곳에 나가떨어져 뻗어버렸다. 얼굴이 상처투성이가 되었고, 손에 쥐었던 칼은 열 걸음쯤 앞으로 날아갔으며, 허리띠는 조각이 나버렸다. 나는 나무

토막처럼 꼼짝도 하지 못했으며 감각마저 잃었다. 그것이 내가 이제껏 경험해본 유일한 기절 상태였다.

함께 갔던 사람들이 나를 살려내려고 온갖 수단을 다 써보다가, 결국 죽은 것으로 간주하고 여럿이서 안아 거기서 약 반 리외 떨어진 내 집까지 갖은 고생을 해서 옮겼다. 그런데 집으로 가는 도중에, 적어도 두 시간 동안 죽은 것 같았던 내가 몸을 꿈틀거리며 숨을 쉬기 시작했다. 내 위 속에 많은 피가 괴어 있어서, 타고난 기력이 힘을 발휘해 그것을 토해내야 했던 것이다. 나는 사람들의 부축을 받으며 일어나 그 자리에서 피를 한 통쯤 철철 토했다. 집까지 가면서 몇 번이나 그런 식으로 피를 토해야 했다. 그렇게 해서 조금 생기를 되찾기 시작했지만, 아주 조금씩이었고 오랜 시간이 걸렸으므로, 내가 처음에 느낀 감각은 생명보다는 오히려 죽음에 훨씬 더 가까운 것이었다.

　　자신이 소생한 것을 아직 믿지 못하므로,
　　영혼은 망연한 채 확고하게 자리를 잡지 못한다._타소[4]

　　내 영혼에 깊이 새겨진, 죽음과 관련된 이 추억은
나에게 죽음의 모습을 진실에 매우 가깝게 보여주었
고 나를 얼마간 죽음에 친숙하게 해주었다. 사물이 겨
우 보이기 시작했을 때도, 시력이 흐리고 약하고 죽은
거나 마찬가지여서 빛 말고는 아무것도 분간할 수 없
었다.

　　반은 자고 반은 깨어 있는 사람처럼,
　　눈을 떴다 감았다 한다._타소

정신 기능으로 말하면, 신체 기능과 함께 살아났다. 나는 온몸이 피투성이인 것을 알아차렸다. 내가 토해낸 피로 저고리가 온통 물들어 있었기 때문이다. 맨 먼저 떠오른 것은 머리에 화승총[5]을 맞았다는 생각이었다. 사실 그 일과 때를 같이해서 우리 주위에서 화승총이 몇 발인가 발사되었던 것이다. 생명이 내 입술 끝에 간신히 매달려 있는 듯싶었다. 나는 생명을 밖으로 밀어내는 것을 돕기라도 하는 양 두 눈을 감았다. 그리고 기운이 멀리 빠져나가도록 내버려두는 것을 즐겼다. 물론 그것은 내 영혼의 표면에 떠도는 상상에 불과했고, 나머지 다른 요소들과 마찬가지로 약하고 희미한 것이었다. 그렇지만 사실 거기에는 불쾌한 느낌이 전혀 없었을뿐더러, 마치 잠이 스르르 올 때와 같은 감미로움마저 섞여 있었다.

단말마의 고통으로 쇠잔해진 사람들도 그런 상태에 있을 것이다. 따라서 극심한 고통에 시달리거나 비통한 생각에 번민하고 있을 거라고 여겨 그들을 동정할 이유는 전혀 없다고 생각한다. 많은 사람의 의견이나 에티엔 드 라보에티[6]의 의견과 달리, 나는 늘 다음과 같이 생각했다. 죽을 때가 가까워서 엎어져 있거나 착 가라앉은 사람들, 오랜 병에 지친 사람들, 또는 중풍으로 졸도했거나 간질 발작으로 기력을 잃어버린 사람들……

　　한 남자가 종종 병의 발작에 사로잡혀, 벼락을 맞은 것처럼 우리 눈앞에 쓰러진다. 그는 거품을 뿜고, 앓는 소리를 내고, 사지를 떨고, 헛소리를 하고, 근육이 뻣뻣해지고, 몸을 비틀고, 숨을 헐떡이다가, 마침내는 이

따금씩 버르적거릴 정도로 녹초가 된다._루크레티우스

또는 머리에 부상을 입고 죽음을 기다리며 선잠 자는 사람들을 보면, 또는 그들이 이따금 괴로운 숨과 함께 토하는 신음 소리를 들으면, 조금은 의식이 남아 있고 몸을 어느 정도 움직일 수 있는 것처럼 보이더라도 그들의 영혼과 육체는 이미 깊은 잠에 파묻혀 있다고 생각했다.

그는 살아 있다. 그러나 자신이 살아 있다는 것을 의식하지 못한다._오비디우스[7]

그토록 사지가 망가지고 감각을 잃어가는데도 영혼이 내부에서 자기를 의식할 만큼 힘을 유지한다는 사실이 나는 도저히 믿기지 않았다. 그래서 그들에게 고통을 가하거나 그들로 하여금 자신의 비참한 상태를 느끼고 판단하게 하는 이성적 사유가 그들에게는 없으므로, 그들을 동정할 필요는 전혀 없다고 생각했다.

　나로서는 영혼이 살아 있는데 고통받고 게다가 그 고통을 표현할 방도가 없는 상태만큼 끔찍한 상태를 상상할 수 없다. 예를 들면 혀를 잘린 다음 체형에 처해지는 사람들의 경우가 그렇다(물론 그와 같은 죽음의 경우에는 아무 말도 하지 않고 태연자약하게 죽음을 받아들이는 것이 가장 의연한 태도라고 생각하지만 그것은 별개의 일이다). 또한 우리 시대의 군인들 같은 소름 끼치는 형리들의 손에 붙잡혀 그들로부터 온갖 잔인한 고문을 당하고, 너무 과도해서 지불할 수도 없는 몸값을 강요받으면서도 자신들의 육체적·정신적 고통을 표현하거나 알릴 방법이 전혀 없는 상황과 장소에 처해 있는 저 불쌍한 죄수들의 경우도 그렇다. 시인들은 그렇게 죽음이 지체되어 고통받는 사람들을 해방해주는 몇몇 선의의 신들을 생각해냈다.

나는 지옥의 신에게 공물을 바쳐
너를 너의 육체로부터 해방한다. _베르길리우스

종종 죄수들의 귀에 대고 고함을 치거나 몸을 거칠게 흔들어서 그들로부터 앞뒤가 맞지 않는 짧은 몇 마디 말 또는 대답을 끌어내거나, 사람들의 요구에 동의하는 것처럼 보이는 동작을 억지로 하게 하는 경우가 있다. 하지만 그것이 그들이 살아 있다는 증거, 적어도 그들이 온전히 살아 있다는 증거가 되지는 않는다. 우리에게도 마찬가지의 일들이 일어난다. 잠 속으로 완전히 빠져들기 전에 꾸벅꾸벅 졸면서 우리는 주변에서 일어나는 일들을 꿈꾸는 것처럼 느끼고, 겨우 영혼 언저리에나 다다랐을 법한 목소리를 희미하고 불확실한 청력으로 따라가는 수가 있다. 그리고 사람들의 말이 끝나자마자 곧바로 대답하는 수가 있는데, 그 대답 속에 어떤 의미가 있다기보다는 대부분 우연히 대답한 것에 지나지 않는다.

그런데 실제로 경험해보니, 예전에 내가 내린 판단이 옳았음을 조금도 의심하지 않게 되었다. 왜냐하면, 무엇보다도 정신을 완전히 잃었는데도 내가 손톱으로 겉저고리(나는 갑옷을 입고 있지 않았다) 앞을 열려고 애썼기 때문이다. 그러나 내가 상처를 입었다는 생각은 내 의식 속에 없었다. 우리에게는 우리의 의지에서 나오지 않은 움직임이 얼마든지 있는 것이다.

> 반쯤 죽었으면서도 손가락은 움직여
> 또다시 무기를 잡는다._베르길리우스

　말에서 떨어지는 사람들은 본능적으로 팔을 앞으로 뻗는다. 이렇게 우리의 팔다리는 서로 도우며, 우리의 의지와는 상관없이 움직인다. 커다란 낫이 달린 전차는 너무도 빨리 사람의 손발을 절단하기 때문에, 잘려나간 손발이 땅 위에서 꿈틀거리는데도 고통은 아직 그 사람의 영혼에 도달하지 않는다고 한다.

　내 위가 엉긴 피로 꽉 차 있었으므로 내 손은 저절로 그리로 움직여갔다. 종종 손이 우리의 의지에 반해 가려운 곳에 가 닿는 것처럼 말이다. 죽은 뒤에도 근육이 오그라들거나 꿈틀거리는 동물들이 몇몇 있고, 인간에게도 그런 일이 있다. 모두들 경험해서 알고 있듯이 신체의 어떤 부분은 우리가 시키지 않았는데도 저절로 움직이거나 곧추서거나 줄어들거나 한다. 그런데 우리가 표면적으로 겪는 그런 감각이 우리의 것이라고 할 수는 없다. 그것들이 우리의 것이 되려면, 우리의 마음과 몸 전체가 그것들에 관련되지 않으면 안 된다. 잠자는 동안 우리의 손이나 발이 느끼는 고통은 우리의 것이 아니다.

집 가까이 오니 내가 말에서 떨어졌다는 소식이 이미 전해져 식구들이 그런 경우에 으레 그렇듯 울부짖으며 나를 맞이했는데, 그때 나는 사람들이 묻는 말에 두세 마디 대답했을 뿐만 아니라, 아내가 경사져서 걷기 힘든 길에서 발이 묶여 버둥거리는 것을 보고 말을 갔다 주라고 명령할 정도였다. 그런 인지認知는 내 영혼이 각성된 상태였으므로 가능했을 터인데, 그러나 나는 전혀 그런 상태에 있지 않았다. 허공에 헛되이 떠 있던 나의 생각은 사실상 눈과 귀의 감각에 의해 생긴 것이지 내 속에서 나온 것은 아니었다. 나는 내가 어디서 와서 어디로 가는지 몰랐고, 사람들이 나에게 묻는 것을 헤아리거나 고려해볼 수도 없었다. 그것은 이를테면 감각이 습관처럼 저절로 만들어낸 가벼운 행위였다. 영혼이 그것에 제공한 것은 꿈속에서처럼 감각의 미약한 작용에 의해 적셔지거나 씻겨져서 아주 가볍게 접촉된 것에 불과했다.

사실 그동안 내 기분은 매우 조용하고 평안했다. 나는 남을 위해서도 나를 위해서도 아무런 슬픔을 느끼지 않았다. 아무런 고통 없이 극도로 쇠약하고 무기력한 상태였다. 나는 내 집을 보고도 알아보지 못했다. 누군가 나를 뉘어주었을 때 나는 그 휴식에 한없는 감미로움을 느꼈다. 그때까지 나를 황급히 옮기는 하인들에게 온몸이 시달리고 있었기 때문이다. 그들도 나를 싸안고 그 멀고 험한 길을 힘들게 오느라 가엾게도 도중에 지쳐서 두세 번 교대해야 했다. 사람들은 나에게 많은 약을 권했지만 나는 아무것도 먹지 않았다. 머리에 치명상을 입었다고 믿었기 때문이다. 그때 죽었더라면, 거짓말 안 하고, 행복한 죽음이었을 것이다. 왜냐하면 내 이성적 사유가 쇠약해져 죽음에 대해 아무런 판단도 내리지 못했기 때문이다. 신체의 쇠약이 나로 하여금 죽음에 대해 아무것도 느끼지 못하게 했기 때문이다. 나는 아주 천천히, 아주 부드럽고 편안하게 자신을 내맡기고 있었다. 그것만큼 고통스러운 느낌이 덜 드는 행위는 경험해본 적이 거의 없었다.

내가 다시 살아나고 힘을 되찾았을 때
그리고 마침내 나의 감각이 기력을 차렸을 때.
_오비디우스

두세 시간 뒤의 일이었다. 갑자기 다시 고통 속으로 끌려 들어가는 것을 느꼈다. 낙마로 타박상을 입어 온몸이 쑤셔왔기 때문이다. 그 후 이삼 일 동안 몸이 어찌나 아프던지 다시 한 번 죽는 게 아닐까 하는 생각이 들었다. 그것도 이전보다 더 극심한 고통을 겪으면서 말이다. 지금도 나는 그때 받은 충격의 후유증을 느낀다. 내가 마지막으로 되찾은 것이 바로 이 사건에 관한 기억이라는 사실을 잊지 않고 싶다. 내가 어디로 가는 길이었는지, 어디서 돌아오는 길이었는지, 몇 시쯤 사고가 났는지 몇 번이고 되풀이해 들은 뒤에야 어찌 된 일인지 겨우 이해할 수 있었다. 내가 어찌하여 말에서 떨어졌는지에 대해서는 그 원인을 제공한 사람을 생각해서인지 모두들 숨기고 다른 말을 둘러댔다. 그러나 그로부터 오랜 시간이 지난 뒤 어느 날 아침, 내 기억이 반쯤 열려 그 말이 나에게 달려들던 장면이 떠오르고 내가 어떤 상태였는지를 떠올리자(사실 말이 내 발뒤꿈치에 보였을 때, 나는 이젠 죽었구나 하고 생각했다. 그러나 너무나 갑작스러운 생각이어서 공포심이 생길 겨를이 없었다), 번갯불이 영혼을 내리쳐 내가 저승에 갔다가 돌아오기라도 한 것처럼 생각되었다.

그 사건은 대수롭지 않고, 만약 내가 거기서 교훈을 끌어내지 않았다면 참으로 하찮은 일이었을 것이다. 죽음과 친숙해지기 위해서는 죽음 가까이 가보는 수밖에는 길이 없다는 사실을 깨달았기 때문이다. 그런데 플리니우스[8]도 말했듯이, 사람은 가까이서 자신을 충분히 관찰할 기회만 있으면, 누구나 대단히 좋은 연구 대상이 된다. 나는 내 학설을 제시하는 것이 아니라, 내 연구를 피력하는 것이다. 남을 위한 교훈이 아니라 나 자신을 위한 교훈인 것이다.

이 교훈을 남에게 전달한다고 해서 나를 불쾌하게 생각하지는 마라. 나에게 소용되는 일은 남에게도 소용이 될 수 있다. 그리고 어쨌든 나는 아무것도 망쳐놓지 않는다. 나는 내 것만 사용한다. 내가 어리석은 짓을 했다 해도 나에게 손해가 될 뿐, 다른 사람에게는 폐가 되지 않는다. 그것은 내 속에서 소멸하는 어리석음이며, 아무런 결과도 남기지 않기 때문이다. 그런 길을 걸어온 옛사람이 두셋밖에 없다는 이야기를 들었다. 그러나 그들이 이 문제를 내가 여기서 시도하는 것과 같은 방법으로 다루었는지 어떤지는 말할 수가 없다. 우리는 그들의 이름밖에 모르기 때문이다. 그 뒤로 그들의 발자취를 따라가 본 사람은 아무도 없다. 우리 정신의 움직임처럼 몹시도 종잡을 수 없는 행동을 따라가거나, 내부에 있는 주름의 불투명한 깊이를 꿰뚫어 보거나, 요동치는 정신의 자질구레한 모습을 구분하거나 포착하는 것은 의외로 어려운 일이다. 그리고 그것은 우리를 세상의 일상적인 직무에서, 아니, 더 중요한 직무에서조차 벗어나게 하는 새롭고 이상한 놀이이다.

벌써 여러 해 전부터 나는 나만을 사유의 대상으로 삼고 있고, 나만을 검토하며 연구하고 있다. 그러므로 내가 다른 것에 관심을 가진다면, 그것은 나 자신에게 적용해보기 위해서고, 또는 더 적절히 말하면, 나 자신 속에 밀어 넣어보기 위해서다. 그리고 사람들이 비할 데 없이 무익한 학문을 가지고 하는 것처럼 내가 이 사건을 통해 배운 것을—그렇다고 해서 내가 이 분야에서 만족할 만큼 발전했다는 뜻은 아니다—다른 사람들에게 알렸다 해도, 결코 내가 틀렸다고 생각하지 않는다. 자기 자신을 묘사하는 것만큼 어려운 묘사도 없고, 그것만큼 유용한 묘사도 없다. 게다가 사람들 앞에 모습을 드러내려면 머리를 빗고 몸단장을 하지 않으면 안 된다. 그래서 나는 언제나 끊임없이 나를 꾸민다. 끊임없이 나를 묘사하고 있기 때문이다. 우리는 관례적으로 자신soi에 대해 말하는 것을 나쁜 일로 간주한다. 그리고 자신에 대해 이야기할 때 늘 따라다니는 것처럼 보이는 허풍을 증오해서 그것을 엄격하게 금하고 있다. 마치 아이의 코를 풀어줘야 하는데 코 자체를 잡아떼는 것과 같다고나 할까!

사람은 실수를 두려워해서 죄에 빠진다. _호라티우스

나는 이런 치료법에는 실보다 득이 더 많다고 생각한다. 사람이 자신에 대해 말한다는 것은 당연히 주제넘는 짓이다. 그럼에도 불구하고 나는 나의 전반적인 계획을 존중하므로 나의 이 병적인 경향을 여러 사람에게 널리 드러내어 알리는 일을 그만둘 수 없다. 왜냐하면 그것이 내 속에 있는 것이기 때문이다. 그리고 내가 실제로 행하고 있을 뿐 아니라, 공개적으로 고백한 이 과오를 숨겨둘 수도 없다. 이에 대한 내 생각을 말하자면, 몇몇 사람들이 취한다고 해서 술이 나쁘다고 비난하는 건 잘못이라는 것이다. 단지 우리가 좋은 것을 남용할 뿐이다. 그러므로 나는 그런 규칙은 나약한 일반 사람들만을 향한 것이라고 생각한다. 그것은 송아지에 씌우는 말굴레이다.[9] (자신에 대해 몹시도 고귀하고 강렬하게 표현하는) 성인聖人들은 물론이고, 철학자들이나 신학자들도 그것에 구애받지 않는다. 나는 철학자도 신학자도 아니지만 역시 그것에 구애받지 않는다. 그들은 일부러 자기 자신에 대한 글을 쓰지는 않지만, 적어도 기회가 생기면 단상에 오르길 주저하지 않는다.

소크라테스가 자기 자신에 대해서 말고 무엇에 대해 더 많이 논했는가? 그가 제자들로 하여금 그들 자신에 대해서 말고 무엇에 대해 더 많이 말하게 했는가? 그는 책 속의 가르침에 대해서가 아니라 그들 영혼의 움직임과 상태에 대해 말하게 하지 않았던가? 우리는 우리의 이웃들[10]이 사람들 앞에서 하듯, 우리 자신을 신에게, 고해 신부에게 경건하게 드러내 보인다. 어떤 사람들은 다음과 같이 반박할 것이다. 우리는 우리가 인정한 잘못만을 말한다고. 바로 그렇기 때문에 우리가 모든 것을 말하는 것이다. 왜냐하면 우리의 미덕마저도 죄가 많고 회개를 요하기 때문이다. 직업과 기술은 세상을 살아가는 방법이다. 나의 생각과 경험과 습관에 따라 살아가는 이야기를 하지 못하게 막는 사람은 건축가에게 자신의 견해가 아니라 이웃의 견해에 따라, 자신의 지식이 아니라 남의 지식에 따라 건물에 대해 이야기하라고 시키는 것과 마찬가지다. 자신의 가치를 스스로 사람들에게 널리 알리는 것이 교만이라면, 어째서 키케로는 호르텐시우스의 웅변술을 칭찬하지 않고, 호르텐시우스도 키케로의 웅변술을 칭찬하지 않는가?[11]

아마 사람들은 내가 말이 아니라 작품과 행동으로
나 자신을 보여주기를 바랄 것이다. 그러나 내가 묘사
하는 것은 내 사유pensées이다. 그것은 형체가 없어서 구
체적인 결과로 나타낼 수 없는 주제sujet다. 기껏해야 공
기로 만들어진 말소리paroles에 그것을 부탁할 수 있을
정도다. 가장 박식한 사람들, 가장 신앙심이 깊은 사람
들은 남의 눈에 띄는 행위를 일체 피해서 살았다. 나의
행적은 나 자신보다 운명에 대해 더 많이 이야기해줄
것이다. 그것은 나 자신이 아닌 나의 역할을 짐작으로
그리고 불확실하게 보여줄 뿐이다. 마치 개별적인 양
상을 보여주는 표본처럼. 반대로 나는 나 자신을 모조
리 보여준다. 혈관·근육·힘줄 등 신체의 각 부분을 한
눈에 바라볼 수 있는 인체도人體圖처럼 말이다. 기침이

라는 행위는 나의 일부를 드러내고, 창백한 얼굴이나 심장의 고동은 나의 다른 일부를 다소 모호하게 드러낸다.

　내가 묘사하는 것은 나의 행위가 아니다. 내가 묘사하는 것은 나, 그리고 나의 본질이다. 나는 나 자신을 평가하는 데 신중해야만 하고, 나에 대해 증언하는 데 양심적이어야 하며, 좋든 나쁘든 차별을 두어서는 안 된다고 생각한다. 만약 내가 나 자신을 선량한 사람, 현명한 사람, 혹은 그것에 가까운 사람으로 본다면, 나는 그렇다고 목이 터져라 외칠 것이다. 자신을 실제보다 낮추어 말하는 것은 어리석은 것이지 겸손이 아니다. 자신의 가치를 실제보다 낮게 평가하는 것은, 아리스토텔레스에 따르면,[12] 비겁한 짓이고 소심한 짓이다. 어떠한 미덕도 거짓말의 도움을 받지는 않는다. 진리는 결코 오류를 위한 재료가 되지 않는다. 자기를 실제보다 과장되게 말한다고 해서 항상 오만이라고 할 수는 없다. 어리석음 때문에 그렇게 되는 경우도 종종 있다. 본래의 모습에서 벗어나 지나치게 우쭐대고 터무니없을 정도로 자기애에 빠지는 것은, 내 생각으로는 오만이라는 악덕의 실체이다. 그리고 그 악덕을 고치는 최상의 약은 자신에 대해 말하는 것을 금함으로써 결과적으로는 자신에 대해 생각하는 것마저도 금하는 자들이 명령하는 것과 정반대의 일을 행하는 것이다.

오만은 사상 속에 있다. 여기서 혀는 작은 역할밖에 하지 못한다. 그 사람들은 자기를 돌보는 것을 자기만족에 빠져 있는 것으로 본다. 자기와 교제하고 자기와 관계 맺는 것은 자기를 총애하는 수작으로 본다. 그럴 수도 있다. 그러나 그런 과도한 행위는 자기를 피상적으로만 관찰하는 사람들, 자기 일의 성공 여부에 따라 자기를 평가하는 사람들, 자기를 보살피는 것을 몽상이나 무위라고 하고, 자기의 품성을 기르고 재능을 쌓는 것을 공중누각을 짓는 것과 같다고 하는 사람들, 즉 자기 일을 자기 자신과 관계없는 제삼자의 일로 보는 사람들에게만 일어난다.

만약 누군가가 자기보다 못한 것을 내려다보며 자신의 지식에 도취하면, 눈을 치켜뜨며 과거의 몇 세기를 돌아보게 하라. 그러면 그 사람은 거기에서 자기보다 월등한 수천의 정신을 발견하고 겸허해질 것이다. 만약 누군가가 자신의 용기에 우쭐하고 오만해진다면, 그에게 두 스키피오[13]와 에파미논다스[14]의 수많은 군대, 수많은 인민의 삶을 상기시켜라. 그는 그들의 발꿈치에도 못 미칠 것이다. 아무리 특별한 소질을 가진 사

람이라도 자기가 지닌 불완전하고 나약한 수많은 존재
방식을 생각한다면, 요컨대 인간 조건의 허무함을 생
각한다면, 오만해지지는 않을 것이다.

소크라테스는 "너 자신을 알라"라는 자신의 신神[15]
의 가르침을 진지하게 자기 것으로 삼아 연구함으로써
자신을 경멸하는 경지에 도달한 유일한 사람이었기 때
문에 '현자'라는 별칭을 받을 가치가 있는 유일한 사람
으로 인정되었다. 이처럼 자기 자신을 아는 사람은 자
기 자신을 자기 입으로 과감하게 알려야 한다.

2장

세계는
영원히 흔들리는
그네에 불과하다

· ·

3권 2장 '후회에 대하여'

아르놀트 뵈클린, 〈바이올린을 연주하는 죽음과 함께한 자화상〉(1872).

다른 작가들은 인간을 만들어낸다. 그러나 나는 인간을 이야기한다. 그리고 잘못 만들어진 한 개인으로서의 인간을 내보인다. 만일 내가 그를 다시 만들 수 있다면 지금과는 완전히 다르게 만들어놓을 것이다. 그런데 어쩌랴. 이미 그렇게 만들어진 것을. 내가 그에게 부여한 특징이 여러 가지로 달라지고 다양해지긴 하지만 그릇된 것은 아니다. 세계는 영원히 흔들리는 그네에 불과하다. 모든 것은 끊임없이 흔들린다. 대지도, 캅카스의 바위도, 이집트의 피라미드도 세계 전체의 운동과 그 자체의 운동으로 움직이고 있다. 영원불변함 자체도 사실은 시들어 힘이 없는 움직임에 불과하다. 나는 내 연구의 대상[16]에 대해 확신할 수 없다. 그는 자연스러운 취기의 영향을 받은 것처럼 비틀거리고 망설이면서 앞으로 나아간다. 나는 그가 존재하는 상태

그대로, 내가 흥미를 느낀 순간의 그를 받아들인다. 나는 존재를 그리지 않는다. 내가 그리는 것은 과정이다. 한 시기에서 다른 시기, 또는 사람들이 말하듯 칠 년씩의 과정이 아니라 매일 매분을 그린다. 내 이야기는 시간을 따라가야 한다. 그것은 정해진 운명에 따라 변할 수도 있고, 사실과 관계없이 의도적으로 변할 수도 있다. 이 책은 다양하고 유동적인 잡다한 사건들과 갈피를 잡을 수 없는 생각들, 때로는 서로 상반되기도 하는 생각들에 대한 기록이다. 나 자신이 다른 나로 바뀌기 때문일 수도 있고, 내가 다른 상황이나 다른 관점에서 주제를 다룰 수도 있기 때문이다. 어쨌든 내가 경우에 따라 모순되는 말을 하더라도, 데마데스[17]가 말했듯이, 진실에 어긋나지는 않을 것이다. 만일 내 영혼이 자리를 잡을 수만 있다면, 나는 나 자신을 다시 문제 삼지 않고 결단을 내릴 것이다. 그런데 내 영혼은 늘 수행을 쌓으며, 시련을 겪고 있다.

나는 여기에 변변찮고 광채 없는 한 인생을 드러낼 테지만, 상관없다. 모든 도덕 철학은 평범하고 소박한 개인의 삶에도, 좀 더 풍부하고 다채로운 천을 입힌 삶에도 똑같이 적용되게 마련이니까. 사람은 너나없이 인간이라면 누구나 갖고 있는 조건을 자기 속에 고스란히 지니고 있다.

작가들은 자기만이 지닌 유별난 특징을 통해 자신을 세상 사람들에게 보여준다. 나는 문법학자나 시인이나 법률가로서의 내가 아니라, 보편적 존재인 미셸 드 몽테뉴라는 나를 내보이는 최초의 인간이다. 만일 사람들이 내가 나 자신에 대해 너무 많이 말한다고 뭐라 한다면, 나는 그들이 자기 자신에 대해 생각조차 하지 않는다고 탓하겠다.

　그러나 이렇게 지극히 개인적인 삶과 관련된 이야기를 세상에 알리는 것이 옳은 일일까? 형태와 기교가 위세와 권위를 가지는 세상에서, 더할 나위 없이 허약한 본성에 기인한 즉흥적이고 단순하고 꾸밈없는 생산물을 세상에 내보이는 것이 옳은 일일까? 그것은 돌 없이 담을 쌓거나 학문에 대한 소양 없이 책을 쓰는 것과 비슷한 일은 아닐까? 음악가가 만든 작품은 예술의 규칙을 따른다. 그런데 내가 만든 작품은 우연에 기인한다. 적어도 나는 이 부분에 관해 원칙을 지킨다. 세상 어느 누구도 내가 다루는 주제에 관해 나보다 더 잘 이해하고 잘 알지 못하며, 나는 그것에 관해서만큼은 살아 있는 자들 중에서도 가장 잘 아는 자이다. 또한 어느 누구도 나만큼 자신이 다루는 것에 깊이 들어가 보지 못했고, 요소나 결과를 더 정확하게 분석하지 못했으며, 일을 계획하면서 설정한 목표에 어김없이 완벽하게 도달하지도 못했다. 계획한 일을 완성하려면 본받을 만한 대상에 충실해지는 것밖에 방법이 없다. 충실성은 요구되는 덕목들 가운데 가장 진지하고 가장 순수한 덕목이다. 나는 진실을 말한다. 내가 원하는 만큼은 아니지만 할 수 있는 데까지는 진실을 말한다. 그리고 나이를 먹어가면서 좀 더 과감해졌다. 관습은 나이 먹은 사람에게 남을 비웃고 헐뜯거나 자신에 대해 말할 자유를 더 많이 주는 것 같다. 작가와 작품이 서로 닮지 않은 경우가 자주 있지만, 여기서는 그런 일이 거의 일어나지 않는다. 사귀어보니 그렇게도 점잖은 사람인데 어떻게 그런 어리석은 이야기를 썼을까? 그런 박식한 이야기를 쓴 사람이 어떻게 이토록 실망스러울 수 있을까? 대화를 해보면 극히 평범한데 훌륭한 글을 쓰는 사람은 그 능력을 자기가 아닌 외부에서 빌려오는 사람이라고 할 수 있다. 박식한 사람이라고 해서 매사에 박식한 것이 아니다. 그러나 재능 있는 사람은 매사에 재능이 있다. 심지어 자신이 모르는 일에 대해서도 마찬가지다.

나는 내 책과 보조를 같이한다. 다른 사람의 경우에는 작품을 저자한테서 떼어내어 칭찬하거나 비난할 수 있지만, 여기서는 그럴 수 없다. 한쪽을 건드리는 것은 곧 다른 쪽도 건드리는 것이다. 이 점을 알지 못한 채 작품을 판단하는 자는 나에게보다 자기 자신에게 더 잘못을 저지르게 될 것이다. 이 점을 잘 알아주는 자에게 나는 전적으로 만족한다. 내가 가지고 있는 지식을 이용해 얻은 것을, 내 기억력의 도움으로 내가 받은

것을 현명한 사람들로 하여금 느끼게 하면서 세상 일
반의 동의를 얻을 수만 있다면, 나는 나에게 돌아올 공
로 이상으로 행복할 것이다.

　　내가 자주 언급했던 것, 다시 말해 나는 후회하는
일이 드물고, 내 양심은 천사나 말馬의 양심 같지는 않
아도 인간의 양심으로서 그 자체에 만족한다고 말한
것에 대해 여기서 사과하려고 한다. 내가 늘 되풀이하
는 이런 말은 상투적으로 하는 말이 아니라, 본질적이
고 자연스러운 순종順從의 말이다. 나는 앎을 얻기 위해
말을 한다. 그리고 무식쟁이처럼 식견이 부족하므로,
순진하고 단순하게 사람들의 일반적이고 정당한 의사
결정을 참조해서 말한다. 나는 가르치는 것이 아니라,
그저 이야기할 뿐이다.

　　사람의 비위를 거스르지 않고, 공정한 재판의 비난

을 받지 않는 악덕은 사실상 존재하지 않는다. 악덕은 그것이 어리석음과 무지의 소산이라고 말하는 사람들이 옳다고 할 만큼, 너무도 명백하게 추하고 몰상식한 점이 많다. 악덕을 증오하지 않고 그것을 안다고 하기가 어려울 정도다. 악의는 그 자체에서 발생하는 독의 대부분을 들이마시며, 그 독에 중독된다. 악덕은 피부에 생기는 궤양처럼 영혼에 회한을 남긴다. 그리하여 영혼은 끝없이 제 상처를 긁어서 피투성이가 된다. 이성이 다른 슬픔들과 고통들을 지운다면, 악덕은 후회의 슬픔들과 고통들을 낳으며, 그것은 내부에서 생겨나는 만큼 훨씬 더 심각하다. 열병으로 인한 오한이 우리가 외부에서 느끼는 오한보다 더 혹독한 것처럼 말이다. 저마다 기준이 다르지만, 나는 자연과 이성이 배격하는 것들뿐만 아니라, 사람들의 여론이라는 것도 법률이나 관습에 영향을 받아 형성된 거짓되고 그릇된 것이므로 악덕이라고 본다.

마찬가지로, 선행만큼 근본 있는 집안에서 태어난 사람을 즐겁게 해주는 것은 없다. 착하고 어질게 행동하는 것에는 확실히 우리들 속에서 우리를 기쁘게 해주는 알 수 없는 만족감이 있고, 선한 양심에 따르는 고귀한 자존심이 있다. 용감하고 악덕한 영혼이 자신의 안전을 위해 태연하게 무장하는 경우가 있다. 그러나 그런 영혼은 자기 자신이나 자신의 행위에 대해 만족감을 느끼지는 못한다. 이토록 부패한 시대에 오염되지 않고 자신을 잘 보살피고 있음을 느끼면서 마음속으로 다음과 같이 말할 수 있다는 것은 결코 보잘것없는 즐거움이 아니다. "누군가가 내 마음속을 들여다보았을 때, 내가 죄를 지었거나, 어떤 사람의 마음을 아프게 했거나, 망하게 했거나, 복수심 또는 시기심을 가졌거나, 법을 공공연하게 어겼거나, 질서를 어지럽히고 파괴했거나, 약속을 어겼거나 하는 일 따위를 찾아볼 수 없을 것이다. 또한 이 시대에 방종이 누구에게나 그 짓을 허용하고 또 가르치고 있지만, 그래도 내가 어느 프랑스 사람의 재산이나 돈에 손을 대본 적이 없고, 전쟁 중일 때든 평화로울 때든 내가 가진 것으로만 살았으며, 보수를 지급하지 않고 남에게 일을 시킨 적이 없다는 것을 알리라." 양심의 이런 증언은 유쾌하다. 우리가 자연스럽게 느끼는 이런 기쁨만큼 우리에게 큰 보상은 없으며, 그 기쁨은 언제나 부족함이 없는 보답이다.

선한 행동을 하고 남이 칭찬해주길 바라는 것은 너무도 불확실하고 불순한 것에 그 보상을 기대하는 것이다. 특히 우리 시대처럼 부패하고 무지한 시대에는 사람들의 좋은 평가가 도리어 모욕이 된다. 칭찬할 만한 일을 했는지 하지 않았는지를 누구로 하여금 판단하게 할 것인가? 흔히 볼 수 있는 장면이지만, 자기 스스로 추어올려서 착한 사람이 되는 사람들처럼 내가 행동하지 않도록 신이 나를 지켜주길 기도한다. "지난날의 악덕이 오늘날에는 풍습이 되었다."(세네카) 내 친구들 중 몇몇은 자진해서 또는 내 요청을 받아들여서 가끔 마음을 터놓고 나를 가르치거나 내 잘못을 탓하려고 했다. 그들은 그렇게 하는 것이 성숙한 영혼을 가진 사람이 우정에서 우러나서 할 수 있는 유익하고 친절한 봉사 가운데 가장 훌륭한 것이라고 생각했다. 그리고 나는 그들의 그런 행동에 예의 바르게 고마움을 표하면서 열린 마음으로 받아들였다. 그런데 그 당시

를 솔직하게 다시 회상해보면, 나는 종종 그들의 칭찬
이나 비난 속에 그다지 합당하지 않은 것이 포함되어
있음을 알았기 때문에, 그들처럼 행동하지 않고 내 방
식대로 나쁜 짓을 하면서 잘못을 덜 저지르려고 했다.
바로 이런 이유로, 우리처럼 자신 이외의 어떤 사람에
게도 보여줄 것 없이 오직 우리만 알 수 있는 내면적 삶
을 영위하고 있는 사람들은 우리 내부에 행동의 시금
석이 될 모델을 세운 뒤, 그것에 따를 때는 자신을 칭찬
하고, 그러지 않을 때는 자신을 질책해야 한다. 나는 나
자신을 재판하기 위한 나만의 법률과 법정을 갖고 있
다. 그리고 다른 것보다 그것에 더 호소한다. 타인의 말
에 따라 내 행동을 제한하기도 하지만, 나 자신을 따르
지 않고는 행동을 확대하지 않는다. 당신이 비겁하고
잔인한지, 혹은 충실하고 신앙심으로 충만한지 아는

사람은 오로지 당신 자신뿐이다. 다른 사람들은 결코 당신을 제대로 보지 못한다. 그들은 불확실한 추측으로 당신을 짐작할 뿐이다. 그들은 당신의 진정한 본성보다 당신이 그들에게 보여주는 것을 본다. 따라서 당신은 다른 사람의 판결에 따라서는 안 된다. 당신 자신의 판결에 따라야 한다. "그대가 써야 하는 것은 그대가 자신에게 내리는 판단이다. 악덕과 미덕에 대한 인식은 무척 중요하다. 이것을 제거할 경우 모든 것이 와해된다."(키케로)

사람들은 죄악 가까이에 후회가 따라다닌다고 말한다. 그러나 그 말은 가장 높은 수준의 죄악, 마치 제 집에 있는 것처럼 우리 속에 들어앉아 있는 죄악과는 상관이 없어 보인다. 격정이 갑자기 우리를 사로잡아 악덕으로 몰아갈 때 우리는 그것이 자기 책임이 아니라고 부인할 수 있다. 그러나 오랜 습관에 의해 강력하고 단호한 의지를 갖추고 우리 속에 뿌리를 내리고 있는 악덕은 쉽게 물리칠 수가 없다. 후회는 우리의 의지를 철회하는 것이며, 우리를 사방으로 끌고 다니는 변덕스러운 생각들에 대한 반대 심정에 불과하다. 여기 그 예가 하나 있다. 호라티우스는 지난날 자신의 미덕과 절제에 대해 질문을 던지고 있다.

어째서 오늘의 내 생각은 젊은 날의 내 생각이 아닌가? 어째서 나는 지금 이렇게 생각하고, 내 양 볼은 어째서 예전처럼 돌아오지 않는가?_호라티우스

사생활까지 정돈된 삶은 흔치 않은 훌륭한 삶이라고 할 수 있다. 누구나 공연에 참가해 무대 위에서 칭

찬받을 만한 인물을 연기할 수 있다. 그러나 중요한 것은 모든 것이 허용되고 모든 것이 숨겨지는 자신의 마음속, 가슴속에서 규율을 지키는 것이다. 그다음 단계는 아무에게도 보고할 필요가 없고 기교나 가식도 필요 없는 자신의 집에서 평소의 행동에 규율을 세워보는 것이다. 바로 이런 이유로 비아스[18]가 훌륭한 가정생활 태도에 대해 다음과 같이 말한 것이다. "한 가정의 주인은 밖에서 법이나 사람들의 평판을 고려해 처신하듯 집에서도 그렇게 처신해야 한다." 3천 에퀴만 내면 전처럼 그의 집 안을 이웃 사람들이 들여다볼 수 없게 해주겠다고 일꾼들이 제안하자, 줄리우스 드루수스[19]는 다음과 같은 아름다운 표현으로 대답했다. "내가 6천 에퀴를 줄 테니, 누구든 사방에서 집 안을 들여다볼 수 있게 하라." 아게실라오스[20]가 여행할 때 항상 사원

안에 숙소를 정해, 백성들이나 신神들이 그의 개인적인 행동까지 볼 수 있도록 한 것은 칭송받아 마땅한 일이다. 자기 집에서 아내나 하인이 볼 때도 흠잡을 만한 것 없이 살아간 자는 세상에 그리 많지 않다. 집안사람들에게 감탄의 대상이 된 인물은 거의 없다.

자기 집이나 고향에서 예언자 노릇을 한 자는 없다. 이것이 역사가 우리에게 가르쳐준 사실이다. 별로 중요하지 않은 일도 이와 다르지 않다. 나의 보잘것없는 예에도 위인들의 모습이 보인다. 우리 가스코뉴[21] 지방에서는 내 글이 인쇄되어 나오는 것이 재미있다고 생각한다. 내 집에서 멀리 있는 사람들이 내 글을 읽을수록 내 값어치는 올라간다. 귀엔[22]에서는 내가 돈을 치르고 책을 인쇄한다. 하지만 다른 곳에서는 인쇄업자가 나에게 돈을 지불한다.[23] 사람들이 죽은 뒤에 칭송받으려고 이 세상에 살아 있는 동안 몸을 숨기는 것은 바로 이런 이유 때문이다. 나는 차라리 사람들에게 덜 평가받는 쪽을 택하겠다. 그리고 나에 합당한 평가에 한해서만 세상에 나를 내놓겠다. 내가 세상을 뜬 뒤에 사람들이 내리는 평가는 나에게 별 의미가 없다.

공개 행사가 끝나면 사람들은 감탄하면서 저자를 집 문 앞까지 바래다준다. 그러나 집에 도착하면 옷과 함께 역할도 벗어놓는다. 높이 올라갈수록 더 낮게 떨어지게 마련이다. 집 안 내부에서는 모든 것이 엉망진창이다. 그 상태를 지배하는 질서가 있다 하더라도, 그런 누추하고 사사로운 일 속에서 그것을 알아차리려면 예민하게 살아 숨 쉬는 판단력이 필요하다. 한마디 덧붙이자면, 질서는 맥없고 한심한 것이다. 싸움에서 돌파구를 열고, 사절단을 안내하고, 백성을 다스리는 것

은 눈부신 행동이다. 꾸짖거나, 웃거나, 물건을 사고팔
거나, 사랑하거나, 미워하면서 주변 사람들 또는 자기
자신과 평온하고 올바른 관계를 유지하는 것, 되는대
로 처신하지 않고 자가당착에 빠지지 않는 것 등은 눈
에 잘 띄지는 않지만 귀하고 어려운 일이다.

　　사람들이 뭐라고 말하건 '은퇴자'의 삶은 다른 삶
과 비슷하거나 그보다 더 힘들고 방대한 의무들에 대
처해야 한다. 아리스토텔레스는 사적인 개인은 중요
한 관직에 있는 사람들보다 훨씬 더 힘들게 미덕을 섬
긴다고 말했다. 우리는 의무감보다는 명예욕 때문에
중요한 일을 맡는다. 영광에 도달하는 가장 가까운 길
은 영광을 위해 일하지 않고 의무감으로 일하는 것일
게다. 나는 알렉산드로스 대왕이 자신의 활동 무대에
서 보여준 미덕이 소크라테스가 평범하고 하찮은 방식

으로 보여준 미덕보다 대단하지 않다고 생각한다. 알렉산드로스의 자리에 소크라테스를 놓는 것은 쉽지만, 소크라테스의 자리에 알렉산드로스를 놓을 수는 없을 거라고 생각한다. 알렉산드로스에게 당신은 무엇을 할 줄 아느냐고 물어보면, 그는 '세상을 정복하는 것'이라고 대답할 것이다. 소크라테스에게 같은 질문을 하면, 그는 '타고난 조건에 맞게 인생을 사는 것'이라고 대답할 것이다. 후자 쪽이 훨씬 보편적이며, 무겁고 정당한 과업이다.

영혼의 가치는 높이 올라가는 데 있지 않고, 정연하게 살아가는 데 있다. 영혼의 훌륭함은 위대함 속에서가 아니라 평범함 속에서 발휘된다. 우리를 심층적으로 판단하고 평가하는 자들은 우리의 공적 행동이 지닌 눈부신 측면을 별로 중요시하지 않고, 진흙투성이의 둔중한 잔존물에서 뿜어져 나온 자잘한 물줄기 같은 것으로 생각한다. 마찬가지로 우리를 아름다운 겉모습으로 판단하는 자들은 우리의 내면도 그와 같을 것으로 결론지으며, 월등해서 그들을 놀라게 한 우리의 겉모습 속에 그들과 다름없는 평범한 능력이 존재한다는 것을 짐작하지 못한다. 그래서 우리가 악마에게 기이한 겉모습을 부여하는 것이다. 티무르 대제[24]를 생각할 때, 치켜 올라간 눈썹과 크게 벌어진 콧구멍, 험상궂은 얼굴, 명성만 듣고 만들어낸 이미지와 마찬가지로 지나치게 큰 키 등을 떠올리지 않을 자 누구인가? 예전에 누군가가 나에게 에라스뮈스를 소개해주었다면, 그가 자신을 접대한 여주인이나 하인에게 한 모든 말을 격언이나 잠언으로 여기지 않을 도리가 없었을 것이다. 우리는 수공업자가 의자형 변기나 자신의 마누라 위에 걸터앉는 모습을 쉽게 상상하지만, 존경받을 만한 태도나 능력을 지닌 대법관이 그러는 것은 쉽게 상상하지 못한다. 높은 권좌를 차지하고 있는 그런 사람들은 꾸밈없고 검소한 생활에까지 내려오지 않을 성싶은 것이다.

악덕한 자도 외부의 어떤 충동으로 인해 종종 착한 일을 하는 수가 있듯이, 덕이 높은 사람 역시 악을 행할 때가 있다. 그러므로 사람들을 판단하려면 그들이 '자신의 집'에 있을 때, 즉 정상적인 상태에 있을 때, 또는 휴식과 유사한 상태에 있을 때, 원래부터 처해온 상태에 있을 때 판단해야 한다. 타고난 성향은 교육의 도움을 받아 이롭게 작용하거나 강화된다. 그러나 사람의 마음은 결코 바뀌거나 극복되지 않는다. 우리 시대의 많은 사람들이 잘못된 교육에 의해 미덕이나 악덕으로 달려가고 있다.

야수들은 숲을 잊어버리고 갇혀 있는 생활에 젖어
위협적인 시선을 잃어버렸다.
그들은 인간을 견뎌내는 방법을 배웠다.
그러나 만약 한 방울의 붉은 피가
그들의 입에 닿는다면,
그들의 분노와 사나움이 되살아나고
목구멍은 피의 맛에 벌렁거릴 것이다.
그들의 광분 속에서 겁에 질린 주인은
겨우 목숨을 부지한다.
_루카누스

우리는 타고난 성질을 도려내지 못한다. 그것을 덮

거나 감출 뿐이다. 나에게 라틴어는 타고난 말과 같다. 나는 그것을 프랑스어보다 더 잘 알고 있지만, 벌써 사십 년 동안 말할 때도 글을 쓸 때도 그것을 사용하지 않았다. 그래도 살아오면서 두세 번 매우 극렬하고 급작스러운 감정에 사로잡혔을 때(그중 한 번은 건강하던 아버지가 갑자기 기절해 내 품에 쓰러지셨을 때였다) 내 뱃속에서 맨 먼저 튀어나온 말은 언제나 라틴어였다. 본성은 오랜 습관을 밀어내고 억지로라도 튀어나와 자신을 표현한다. 이런 예는 다른 사람들에게도 많이 있다.

우리 시대에 새로운 사상을 가지고 사람들의 풍습을 고쳐보려고 시도한 자들은 피상적인 악덕들은 개혁했지만, 내면 깊숙한 악덕들은 그대로 내버려두거나 증가시키지 않고 유지하는 데 그쳤을 뿐이다. 그들의 논거는 사실 걱정스럽다. 우리는 힘은 덜 들이고 큰 명성을 얻는 경박한 개혁 사상 때문에, 다른 좋은 일들을 하려는 노력은 하지 않고 쉬고 있다. 그렇게 해서 우리의 내적이고 동질적이고 자연적인 악덕들을 값싸게 만족시킨다. 이런 일들이 우리 경험에 어떤 영향을 미치는지 살펴보라. 자신에게 귀를 기울이면, 누구나 자신 속에 존재하는 고유하고 지배적인 어떤 형상이 교육에 맞서서, 자신과 상반되는 온갖 격정의 태풍에 맞서서 싸우고 있는 것을 발견하게 될 것이다. 내 경우에, 충격이나 혼란으로 마음이 흔들리는 일은 거의 없다. 몸이 무겁고 둔한 사람들이 그렇듯, 나는 거의 늘 내 자리에 있다. 정상적인 상태가 아닐 때에도 늘 내 자리 가까이에 있다. 탈선한다 해도 그리 멀리 벗어나지는 않는다. 극단적이거나 기괴한 것은 아무것도 없다. 늘 건전하고 활기차게 생각을 바꾼다.

우리 동시대인들이 일반적인 삶의 방식과 관련해 가장 비난받아야 할 점은 은퇴를 했을 때에도 삶이 부패와 불결로 가득 차 있다는 점이다. 잘못된 것을 고쳐서 더 좋게 만들려는 생각이 희박하고, 고해성사는 그들이 지은 죄처럼 불충분하고 비난받을 만하다. 어떤 자들은 타고난 인연이나 오랜 습관으로 인해 악덕에 매여 있어서 그 추함을 알아채지도 못한다. 다른 자들(내가 여기에 속한다)에게는 악덕이 짐스럽게 여겨지지만, 쾌락이나 다른 것으로 그것을 상쇄할 수도 있다. 그들은 악덕을 감내하고, 때로는 얼마간의 희생을 치르면서 비굴하게 그리고 그릇되게 악덕에 동참한다. 우리가 유용성을 받아들이듯, 쾌락이 죄악에 대한 정당한 변명이 되는 극단적인 상황을 생각해볼 수도 있을 것이다. 예컨대 죄악이 우발적이거나 죄악을 저지를 의도가 없는 경우(좀도둑질의 경우처럼) 또는 죄악이 행위 속에 존재하는 경우(유혹이 너무나 강렬해서 저항할 수 없는, 여성과의 육체적 관계처럼)를 생각해볼 수 있을 것이다.

언젠가 아르마냐크에 간 적이 있는데, 그곳에 있는 친척 한 분의 영지에서 모든 사람이 '좀도둑'이라고 부르는 한 농부를 만났다. 그는 자기가 살아온 사연을 다음과 같이 이야기했다. 그는 거지로 태어났고, 자기 손으로 일해 생활비를 벌어서는 궁핍을 면할 도리가 전혀 없었기에 도둑질을 하기로 결심했다. 그는 젊은 시절 내내 강한 체력을 바탕으로 그 일을 거리낌 없이 해왔다. 남의 땅에서 곡식이나 포도를 걷어왔는데, 무척 멀리 가서 많은 양을 가져왔기 때문에, 한 명이 하룻밤에 그만한 양을 어깨에 짊어지고 갔으리라고는 아무도 생각하지 못했다. 더구나 넓은 면적을 대상으로 골고루 도둑질하려고 주의를 기울였기 때문에, 각각의 개인에게는 그리 심한 타격이 되지 않았다. 그렇게 한 까닭에 늙어서도 자신과 같은 처지의 사람들 중에서는 부유한 편이며, 스스로 그 사실을 공공연하게 인정했다. 그는 자신이 그렇게 모은 재산 전부를 두고 하느님과 화해하기 위해, 이제부터는 자신이 도둑질한 사람들의 후손에게 날마다 좋은 일을 해서 벌충할 작정이라고 말했다. 그리고 만약 자신이 생전에 그 일을 완수하지 못하면(왜냐하면 모든 사람을 동시에 만족시킬 수는 없기 때문이다) 각각의 사람들에게 끼친 손해를 자기만이 알고 있는 방식으로 산정해 자기 후손에게 책임을 지울 생각이라고 했다. 그의 이야기가 진실이건 거짓이건, 그 '좀도둑'은 도둑질이 못된 일이라는 것을 인정하고 그것을 혐오하고 있지만 빈곤보다 더 나쁘게 여기지는 않는다는 것을 알 수 있다. 그는 자신의 행위를 자발적으로 후회했다. 그러나 다른 한편으로 그가 과거에 저지른 잘못이 그렇게 상쇄되고 벌충되었으니, 그는 자신의 행위를 후회하지 않는 셈이다. 이런 태도는 악덕과 하나 되어 악덕을 당연한 것으로 간주하는 태도와는 다르며, 충격 또는 혼란으로 영혼의 눈을 멀게 하거나 우리의 판단력 혹은 기타 모든 것이 순식간에 악덕의 지배에 사로잡히게 하는 맹렬한 폭풍도 아니다.

평소에 나는 내가 하는 모든 일을 철저하게 한다. 또한 나눠서 하지 않고 한 번에 한다. 나는 내 이성에게 숨기거나 이성의 눈을 피해야 할 행위는 거의 한 적이 없고, 내면에서 대립이나 불화가 일어난 적도 없으며, 내 온몸의 동의를 받지 않고 무슨 일을 한 적도 없다.

과오나 칭찬 역시 온전히 내 몫이다. 내 판단력은 일단 한번 과오를 느끼면 계속해서 느낀다. 왜냐하면 태어났을 때부터 내 판단력은 늘 한결같았고, 똑같은 경향을 보였고, 똑같은 길을 걸었으며, 똑같은 힘을 지니고 있기 때문이다. 나는 어렸을 때 정립한 개념을 지금도 계속 간직하고 있다.

　죄악 중에는 강력하고 즉각적이고 갑작스러운 것들이 있다. 그런 것들은 따로 제쳐두자. 그러나 여러 번 되풀이되고 계획되고 숙고된 다른 종류의 죄악 또는 거의 체질화된 죄악, 다시 말해 직업이나 활동과 관련된 죄악에 관해서는, 그런 죄악이 동일인의 마음속에 그토록 오랫동안 눌러앉아 있는 것을 이해할 수가 없다. 그것은 그런 죄악을 저지르고 있는 자의 이성과 양심이 그 죄악을 계속 원하고 받아들였기 때문에 가능한 일이다. 그리고 나는 그런 사람이 어떤 특정한 순간[25]에 느꼈다며 자랑하듯 하는 후회를 이해하거나 상상하기가 좀 힘들다.

　　나는 "신탁을 받으려고 신들의 동상 가까이 다가갈 때, 사람들은 새로운 영혼을 얻는다"라고 한 피타고라스 학파의 주장에 찬동하지 않는다. 그들이 말하는 영혼이 일반적인 영혼과 다르고 지금까지 존재한 적이 없으며, 일시적으로 빌려온 영혼이라고 말하려는 것이 아니라면 말이다. 왜냐하면 우리의 영혼은 그런 종교 의식에 어울리는 깨끗하고 순수한 표정을 신들에게 거의 보여주지 않으니까.

　　후회를 느꼈다고 떠벌리는 자들은 스토아 학파의 가르침과 정반대에 있다. 스토아 학파는 우리가 마음속으로 인정하는 불완전함과 악덕을 바로잡으라고 우리에게 명령하고, 우리의 영혼이 안식 취하는 것을 방해하지 못하게 하기 때문이다. 후회를 느꼈다고 자랑하는 자들은 우리로 하여금 자신들이 마음속으로 심한 후회와 양심의 가책을 느꼈다고 믿게 하려 한다. 그러나 그들은 잘못 또는 허물을 고쳤거나 개선했거나 중단한 증거를 조금도 보여주지 않는다. 악에서 벗어나지 않으면 악을 치료하기 어렵다. 후회와 죄악이 저울판 위에 놓여 있다면, 후회 쪽이 죄악보다 더 많이 기울어져 있을 것이다. 행동과 생활이 신앙심과 일치하지 않을 경우 신앙심보다 위장하기 쉬운 것은 없다고 생각한다. 신앙심의 본질은 이해하기 어렵고 헤아릴 수가 없다. 그러나 그 겉모습은 속이기 쉽고 화려하다.

나로 말하자면, 현재의 나와 다른 나를 염원할 수 있다. 평소의 내 존재 방식을 싫어해서 나를 완전히 개조하고 타고난 결점을 용서받기를 하느님께 하소연할 수 있다. 그러나 나는 그것을 '후회'라고 부르지 못한다. 나 자신이 천사나 카토가 아닌 것에 대한 실망을 후회라고 할 수 없는 것과 마찬가지다. 내 행동은 나라는 인물과 내 처지에 맞춰서 조절되어 있다. 나는 더 잘할 수는 없다. 그리고 후회는 우리가 자기 힘으로 할 수 없는 일과는 상관이 없다. 그것은 차라리 아쉬움이라고 해야 할 것이다. 나는 내 본성보다 훨씬 더 고매하고 절도 있는 본성들을 상상해본다. 그렇지만 나 자신의 능력을 더 향상시키지는 못한다. 다른 사람의 팔이나 정신이 힘찬 것을 상상했다고 해서 내 팔이나 정신이 더 힘차게 되지는 않는 것과 마찬가지다. 만일 우리보다 더 고상한 행동 방식을 생각하고 바라는 것이 우리에게 후회를 불러일으킨다면, 우리의 가장 순진한 행동에 대해서도 후회를 해야 할 것이다. 우리보다 더 탁월한 본성을 가진 사람은 더 완벽하고 품위 있게 행동했으리라고 생각하고 또한 그러기를 바라고 싶어질 것이기 때문이다. 내가 젊었을 때 한 행동과 늙어서 하는 행동을 비교해보면, 한결같이 내 방식대로 해왔음을 알 수 있다. 그리고 그것이 내가 할 수 있는 전부였다. 자랑하는 것이 아니다. 유사한 상황에 처하면 나는 늘 똑같이 행동할 것이다. 나를 물들이는 것은 얼룩이 아니라 염색이다. 나는 피상적이거나 어중간하거나 형식적으로 하는 후회를 모른다. 내가 후회라고 말할 때는 후회가 내 온몸에 배어야 한다. 그리고 하느님이 나를 보시듯, 내 오장육부를 마구 찢고, 깊고 완전하게 고통을 주어야 할 것이다.

　나의 경우를 예로 들자면, 어떻게 처신해야 할지

몰라서 좋은 기회를 여러 번 놓쳤다. 그렇지만 출두하는 사람에 따라 내 선택은 정확했다.[26] 내 선택의 원칙은 항상 가장 쉽고 확실한 해결책을 찾아야 한다는 것이다. 돌이켜보면 나는 일을 할 때 내게 주어진 일의 상태를 고려하면서 내 규칙에 따라 현명하게 처리했다. 천 년 후에라도 같은 상황에서 나는 똑같이 처리할 것이다. 여기서 나는 그 일의 현재 상태가 아니라, 내가 그것을 검토할 당시의 상태를 말하는 것이다.

모든 계획의 가치는 시간 속에 존재한다. 기회와 상황은 끊임없이 돌고 돌면서 변한다. 나는 지금까지 살아오면서, 판단을 잘못해서가 아니라 운이 없어서 저지른 중대한 잘못의 결과를 감수해야 했다. 사람이 다루는 일에는 비밀스럽고 예측할 수 없는 요소들이 있고, 특히 인간의 본성 속에는 표현할 수 없고 드러나

지 않으며, 때로는 당사자도 모르는 여러 조건이 있다. 그리고 그것은 돌발적인 사건들에 의해 모습을 드러내고 뚜렷해진다. 나는 내 예지로 그것을 간파하고 예측하지 못했다고 해서 결코 불평하지 않는다. 책임은 능력의 한계 안에 있다. 사건이 내 생각과 다르고 내가 거부한 것의 편을 든다 해도 어쩔 도리가 없다. 나는 나를 원망하지 않는다. 내 불운을 비난할 뿐이다. 그리고 그것을 후회라고 부르지는 않는다.

포키온[27]이 아테네 사람들에게 어떤 의견을 내놓았는데, 아테네 사람들이 듣지 않았다. 그런데 그의 의견과 달리 일은 성공적으로 진행되었다. 어떤 사람이 그에게 "어때, 포키온, 일이 이렇게 잘되어가는데 자네는 만족하나?"라고 묻자, 그는 대답했다. "일이 이렇게 된 것에 대해 나는 만족하네. 그러나 전에 내가 한 충고를 후회하지는 않네." 친구들이 나에게 충고해달라고 하면, 나는 대부분의 사람들이 하는 식으로 일이 어떻게 될지 모르며, 내 예측과는 정반대로 흘러갈 수 있고, 그들이 내 충고를 책망할지도 모른다는 등의 이야기를 하지 않는다. 그냥 자유롭고 솔직하게 충고한다. 나는 그 점에 대해 걱정하지 않는다. 그들이 일을 잘못할 수도 있으니, 내가 그들에게 기꺼이 그런 봉사를 해야 한다고 생각한다.

나는 내 잘못이나 불운에 대해 남보다는 나 자신을 원망한다. 왜냐하면 나는 어떤 사실의 진상을 구체적으로 알 필요가 있거나 순전히 예의상 그러는 게 아니라면, 남의 의견을 구하고 일하는 법이 거의 없기 때문이다. 온전히 나만의 판단력이 필요한 경우, 다른 사람의 논거는 내 관점을 뒷받침하는 데 도움이 되긴 하지만 내 의견을 돌리는 데 결정적인 역할을 하지는 않는다. 나는 남들의 논거를 공손하고 호의적인 태도로 모두 들어준다. 그러나 돌이켜보건대 나는 여태껏 내 논거만을 신뢰했다. 그런데 내 생각에 그것들은 파리나 먼지만큼도 내 의지에 영향을 주지 않았다. 나는 내 의견을 그다지 존중하지 않는다. 마찬가지로 남의 의견도 별로 존중하지 않는다. 내가 남들의 조언을 듣지 않거나 남들에게 조언하지 않을 때 행운은 더 유리하게 작용했다. 사람들은 내 조언을 별로 구하지 않으며, 내가 하는 조언을 믿는 사람은 더 드물다. 공적 사업이나 사적 사업이 내 의견에 따라 정상적으로 회복되거나 복원된 적은 없다. 어찌 보면 내 의견에 귀 기울이며 살 수밖에 없는 운명을 타고난 사람들마저도 내가 아닌 다른 사람들의 머리를 빌려서 살아가려고 했다. 내 영

향력의 권리만큼 휴식의 권리를 소중히 여겨온 나로서
는, 그렇게 하는 편이 좋다. 나를 옆으로 제쳐두면, 사
람들은 내가 원하는 바를 따른다. 그리고 그것은 나를
완전히 내 안에 자리 잡고 머무르게 하는 것이다. 나는
더 이상 남의 일에 참견하지 않고 남의 일을 변호하지
않아서 좋다.

일단 일이 끝난 다음에는 결과가 어찌 되었건 나
는 후회하는 일이 거의 없다. 나는 일이 그렇게 흘러갔
어야만 한다고 생각하면서 어떤 번민도 하지 않는다.
즉 일은 세계의 큰 흐름 속에 있으며, 스토아 학파가 말
하는 원인들의 연쇄 속에 있는 것이다. 그대의 사상은,
의지로 밀어붙이거나 상상력을 동원한다 해도, 과거와
미래를 통틀어 사물의 질서가 완전히 뒤집히지 않고는
그 질서 속의 작은 요소 하나 변화시킬 수 없다.

요컨대 나는 나이가 들면서 하는 그런 후회를 혐오한다. 나는 선현들이 말한 것처럼 나이가 드니 육체적 쾌락에 끌릴 일이 없어서 좋다고 말하는 사람들과 사고방식이 전혀 다르다. 나이 때문에 즐거운 일을 누리지 못하는 것을 나는 결코 고맙게 여기지 않는다. "신은 자신의 피조물이 그들의 약점까지도 최선의 산물 가운데 하나라고 여기게 할 만큼 적대적이지는 않다."(퀸틸리아누스) 인간의 정욕은 늙으면 약해진다. 우리는 사랑의 행위를 한 뒤에 깊은 포만감을 느낀다. 여기에서 양심 같은 것을 나는 보지 못했다. 반면에 정욕으로 인한 괴로움과 무력감은 카타르성 염증에 걸린 비굴한 덕성만을 우리에게 남겨줄 뿐이다. 나는 그런 이유로 우리가 판단력이 흐려질 정도로 자연적 변화에 완전히 끌려가서는 안 된다고 생각한다. 쾌락을 추구하던 젊은 시절에도 나는 육체적 쾌락 속에 존재하는 악덕의 얼굴을 분간하지 못한 적은 없다. 이미 나는 그때의 내가 아니지만, 그때와 똑같이 판단한다. 지금 나는 조심스럽게 그리고 맹렬하게 관능을 흔들고 있으며, 나의 이성이 내가 가장 자유분방했던 시절과 같은 상태라고 생각한다. 나이가 들어가면서 이성의 힘이 약간 약해진 것을 제외하면 말이다. 신체 건강에 해로울까 염려해 이성이 나를 쾌락 속에 집어넣기를 거부하면서, 옛날에 내 정신 건강을 위해서 했던 것과 같은 방식으로 작용하고 있는 것이다. 그러나 나는 이성이 전투에서 벗어났다고 해서 더 가치 있어졌다고 생각하지는 않는다. 현재 내가 받는 유혹은 너무도 꺾이고 모욕을 당하고 있어서 이성으로 대항할 거리도 못 된다. 오히려 내 쪽에서 손을 내밀어 유혹을 간청할 뿐이다. 누가 예전의 내 육욕을 내 이성 앞에 다시 갖다놓는다면, 내 이성이 예전에 발휘했던 자제력을 제대로 발휘하지 못하지나 않을까 두렵다. 나는 내 이성이 예전에 판단하던 방식에서 벗어나 뭔가를 다르게 판단하는 것을 보지 못했으며, 새롭게 광명을 찾은 것을 본 적도 없다. 그 덕분에 이성이 건강을 회복했다고 한다면 그것은 어쨌든 어느 정도 위태로운 건강이라고 할 수 있다.

병 덕분에 건강을 얻다니 민망한 치료법이다! 육체적·정신적 불편함이 우리로 하여금 이런 역할을 수행하게 하는 것은 아니다. 우리의 분별 능력이 하는 일이다. 사람들이 나에게 고통이나 불행을 가해도 나는 그저 그것을 저주할 뿐이다. 고통이나 불행은 맞아야 정신을 차리는 자들하고나 관계된 일이다. 내 이성은 번영의 시기에 더 자유롭게 움직인다. 이성은 쾌락보다

고통을 소화하느라 더 분주하다. 날씨가 좋은 날에는 무엇이든 더 잘 보이는 법이다. 나에게는 건강이 질병보다 더 유쾌하고 유용한 경고장이다. 나는 건강을 즐길 힘이 있을 때 할 수 있는 한 많이 나를 개선하고 조절했다. 건강하고 경쾌하고 원기 왕성했던 시절보다 노년의 불운과 불행이 더 좋다고 생각해야 한다면, 또한 현재의 상태가 아니라 더 이상 존재하는 않는 과거의 상태로 사람들이 나를 판단해야 한다면, 나는 수치와 실망을 느낄 것이다. 안티스테네스[28]와는 반대로, 내 생각에 인간의 지복至福은 행복하게 죽는 것이 아니라 행복하게 사는 것이다. 나는 임종을 앞둔 인간의 머리와 몸에 온갖 수단을 써서 철학자의 꼬리를 묶으려고 하지 않았다. 또한 그 꼬리가 내 인생의 가장 아름답고 충만하고 긴 시절을 부정하고 부인해야 한다고 생각해본 일도 없다. 나는 똑같은 햇빛 아래에서 사방에 나를 보이고 드러내고 싶다. 삶을 다시금 살게 된다면 나는 지금껏 살아온 대로 살고 싶다. 나는 과거를 한탄하지 않고, 미래를 두려워하지도 않는다. 그리고 내 생각이 틀리지 않는다면 내 삶은 요컨대 내면과 외면에 일관성이 있었다. 내가 내 운명에 대해 감사하는 것 가운데 하나는 내 몸 상태가 그때그때의 시기적 상황과 제대로 들어맞았다는 점이다. 나는 매번 새로운 풀과 꽃과 열매를 보았다. 그리고 이제는 그것들의 바싹 마른 모습을 보고 있다. 얼마나 행복한가. 왜냐하면 바로 그것이 자연이기 때문이다. 지금 내가 병에 걸리기는 했지만, 병이 응당 와야 할 때 와서 과거에 누렸던 긴 행복을 상기시켜주는 만큼, 더욱더 수월하게 병을 견디고 있다.

마찬가지로 나의 지혜도 그때나 지금이나 같은 높이에 있다고 할 수 있다. 그러나 지혜가 꺾이고, 불평이 끊이지 않고, 힘겨워진 지금보다 옛날에 더 훌륭하고 우아하고 힘차고 밝고 자연스러운 행동을 했다. 그래서 지금 나는 임시적이고 고통스러운 개혁 같은 것들을 단념한다.

　　하느님은 우리의 마음에 감동을 주셔야 한다. 우리의 양심은 욕망의 약화에 의해서가 아니라 이성의 강화에 의해 개선되어야 한다. 눈곱이 끼어 게슴츠레해진 눈으로 본다고 해서 우리 안의 쾌락이 힘을 잃거나 무미건조해지는 것은 아니다. 하느님이 명령하셨으므로, 절제와 정결은 그 자체로 사랑을 받아야 한다. 나이가 들어서 찾아오는 사소한 신체적 불편이나 신장병 때문에 우리가 절제나 정결을 얻는 것은 아니다. 관능

의 우아함과 힘과 가장 매력적인 아름다움을 보지 못
했거나 알지 못하는 사람은 관능을 경멸하느니 관능
에 맞서 싸웠다느니 하고 자랑할 자격이 없다. 나는 젊
음과 늙음을 다 안다. 그래서 그것에 대해 말할 수 있
다. 우리의 영혼은 젊었을 때보다 늙었을 때에 더 거북
하고 난처한 질병이나 결함에 얽매이는 것 같다. 나는
젊은 시절에 이미 이런 이야기를 했다. 그때는 사람들
이 나를 비웃었다. 턱에 수염도 나지 않은 주제에 그런
말을 한다고 말이다. 허옇게 센 머리칼 덕분에 사람들
의 신임을 얻고 있는 지금 이 순간에도 나는 같은 이야
기를 한다. 우리는 성질이 까다롭고 현재의 사물에 대
해 염증을 느끼는 것을 '지혜'라고 부른다. 그런데 사실
사람들은 되도록 악덕을 버리지 않으면서 악덕을 바꾸
려고 한다. 내가 보기에는 그것이 최악의 방법인데 말

이다. 어리석고 비생산적인 자존심과 진력나는 잔소리, 까다롭고 비사교적인 성격, 미신, 그리고 쓸모없는 부富에 대한 꼴같잖은 취향 같은 것 말고도, 나는 노년에서 더 많은 시기심과 부당함과 심술궂음을 발견한다. 노년이 되면 얼굴보다 정신에 더 많은 주름살이 생긴다. 늙으면서 시큼해지고 곰팡내 나지 않는 영혼이란 없으며, 있다 해도 매우 드물다.

소크라테스의 지혜와 그가 형을 선고받았을 때의 여러 정황을 살펴보면, 그가 뭔가 고의적으로 그리고 무언의 공모가 있는 상태에서 그런 사태를 자청하지 않았나 하는 생각마저 든다. 왜냐하면 그때 그는 나이가 일흔에 가까워서 활발했던 정신 능력이 둔해지고, 사람들을 놀라게 했던 명석함도 마비되기 시작한 참이었을 테니 말이다.

노화가 내 수많은 친지에게 얼마나 큰 변화를 일으키는지 나는 매일같이 보고 있다! 노화란 우리 안에 천천히 자연스럽게 퍼지는 가공할 질병이다. 우리를 괴롭히는 노년의 결함에 대비하려면, 적어도 그 진행 속도를 줄이려면, 엄청난 주의와 지속적인 노력을 기울여야 한다. 아무리 방어 진지를 튼튼하게 구축해도 노화가 조금씩 나를 이겨가는 것을 나는 분명히 느낀다. 그저 힘닿는 데까지 버텨볼 뿐이다. 노화가 종내 나를 어디로 데려갈지 나는 알지 못한다. 어쨌든 내가 어느 지점에서 쓰러졌는지 사람들이 알아주기만 한다면 다행이다.

les Essais

해설

몽테뉴, 죽음에서 삶으로

고봉만

일반적으로 르네상스는 14세기에서 16세기까지 유럽 전역에 걸쳐 일어난 거대한 문예부흥 현상을 이른다. 서양 역사에서 가장 흥미로운 사건이라 할 만한 르네상스는 '인간성의 재발견'을 화두로 삼아 중세의 몽매蒙昧를 극복하고 유럽 문화의 근대화에 사상적 원류가 되었다. 이 시기에 문필가로 활동한 사람들 중에는 에라스뮈스와 토머스 모어, 윌리엄 셰익스피어, 세르반테스, 프랑수아 라블레와 몽테뉴 같은 이들이 있다. 이들의 이름과 작품만 떠올리면 르네상스가 마치 인류 문화의 절정기처럼 보일지도 모른다. 그러나 그것은 이 시기 역사의 표면일 뿐, 그 이면을 들여다보면 증오와 잔혹, 살육과 파괴도 최고조에 달했다. 셰익스피어는《햄릿》에서 이 시대에 대하여 표현하길, 관절이 어긋난 사람처럼 "혼란스러운 시대The time is out of joint"

작가 미상, 〈몽테뉴의 초상〉(17세기경).

라고 했다.

《수상록》(원제《에세*Les Essais*》)의 저자로 잘 알려진 미셸 에켐 드 몽테뉴Michel Eyquem de Montaigne는 1533년에 태어나 1592년에 사망했다. 그가 살았던 시대에는 종교 전쟁의 광풍이 사납게 휘몰아쳤다. 몽테뉴가 서른 살이 되기 직전인 1562년, 바시Vassy에서 신교도 학살 사건이 일어났고, 이것이 발단이 되어 프랑스 국내에서 '위그노 전쟁'이라고 불리는 종교 전쟁이 1598년까지 계속됐다.

《수상록》을 집필 중이던 1572년 여름에는 '성 바르톨로메오 축일의 학살' 사건이 일어났다. 파리에서 약 3,000명의 신교도가 죽었고, 전국적으로 구교도 손에 학살당한 신교도 희생자 수가 1만에서 3만 명에 이르러, 30여 년간 계속된 프랑스 종교 전쟁 중에 벌어진 가장 악명 높은 사건으로 여겨진다. 몽테뉴는 인생의 절반 이상을 전쟁 속에서 보냈고, 그는 이 기간 동안 프랑스가 "혼란스럽고 병든 상태"에 있었다고 기록했다.

해설—몽테뉴, 죽음에서 삶으로

내전이 다른 전쟁들보다 더 나쁜 이유는, 각자가 자기 집에 보초를 세워둬야 한다는 것이다. 내가 살고 있는 집이 생명을 맡기기에 더 이상 안전치 못해서 스스로 문과 벽에 둘러싸여 지내야 한다니, 이 얼마나 슬픈 일인가! 제 가정의 살림살이와 휴식마저 공격당하다니, 이것은 최악의 불행이다. 내가 살고 있는 고장은 생긴 이래로 지금까지 줄곧 혼란의 소용돌이에 휩싸여, 온전한 평화의 모습이라는 것을 단 한 번도 보여주지 못했다._3권 9장

내전으로 인해 사회 질서는 무너졌고, 사람들 사이의 신뢰에도 금이 갔다. 누가 친구인지 누가 적인지 구분할 수 없고, 적뿐만 아니라 자기편도 무서워해야 하는 세상이 되었다. 프랑스 안에서 벌어지는 싸움을 지켜보면서 몽테뉴는 이렇게 물었다. "이 세상의 체계가 해체되고 종말이 코앞에 다가왔다고 부르짖지 않을 사람이 과연 어디 있을까?" 동정심이나 동포애가 비아냥

프랑수아 뒤부아, 〈성 바르톨로메오 축일의 학살〉(1580년경).

거리가 된 세상에서 인간의 행동은 더 이상 예측할 수 없게 되었다. "우리는 암흑과 절망의 싸움터에서 방황할 뿐이다."

오늘 밤 누가 나를 배신하고 죽일지도 모르고, 내일 아침 눈을 떴을 때 자신이 자유의 몸일지 확신할 수도 없었다. 자신의 집을 빼앗으려는 적에게 대항하여 싸워야 할까, 아니면 항복해야 할까? 어떻게 처신하는 게 좋은지 도무지 알 길이 없다. 이 '해괴한' 전쟁터에서 확실히 알 수 있는 것 하나는 언젠가는 모두 죽는다는 사실뿐이다. 16세기 프랑스를 괴롭힌 종교 전쟁의 와중에서 몽테뉴가 할 수 있는 일은 그런 고민밖에 없었다.

몽테뉴는 프랑스 서남부의 항구 도시 보르도에 가까운 도르도뉴 지방(현재의 생미셸드몽테뉴 마을)의 몽테뉴 성에서 태어났다. 그의 아버지 피에르 에켐 드 몽테뉴 Pierre Eyquem de Montaigne는 보르도 시장을 지냈다. 아버지의 지극한 교육열 덕분에 그는 일찍부터 많은 책을 읽었고, 당시의 학술 언어인 라틴어를 모국어처럼 구사할 수 있었다. 보르도의 귀엔 학교에 입학해서 중학 과정을 마치고, 파리에 유학하여 왕립 교수단에서 청강을 했다. 그는 20대 초반의 나이로 조세법원의 법관이 되어 공직에 진출했으며, 20대 중반엔 세상에 둘도 없는 우정을 나누게 될 친구, 에티엔 드 라보에티Étienne de La Boétie (1530~1563)를 만났다. 몽테뉴는 이렇게 썼다. "우리의 영혼은 완벽하게 서로 어우러지고 뒤섞여 두 사람을 결합한 이음새가 지워져서 눈에 보이지 않을 정도였다." 몽테뉴는 자신의 책 여백에 이런 글을 남기기도 했다. "누군가가, 당신은 왜 그를 사랑했느냐고 묻는다면, 나는 '그가 그였고, 내가 나였기 때문'이라고밖에는 달리 대답할 수 없을 것이다."

여기까지만 보면 몽테뉴는 모든 면에서 부러움을 살 만한 사람인 듯싶다. 그러나 그처럼 완벽한 사람은 세상 어디에도 없다. 몽테뉴의 인생을 자세히 들여다

Château de MICHEL-MONTAIGNE, par Lamothe Montravel
La Cour d'honneur

MONTAIGNE ET ÉTIENNE DE LA BOÉTIE.

위_ 몽테뉴가 태어난 몽테뉴 성.
아래_ 라보에티의 초상(왼쪽)과 19세기의 문화 월간지에 실린, 몽테뉴와 라보에티를 그린
삽화(오른쪽).

보면, 우리는 곳곳에서 커다란 상처들을 발견하게 된다. 특히 죽음의 그림자는 떼려야 뗄 수 없는 분신처럼 평생 그를 따라다녔다.

1563년, 가장 절친한 친구 라보에티가 페스트에 걸려서 세상을 떠났다. 32년 9개월의 생애였다.

1568년 6월, "더없이 훌륭한 아버지" 피에르가 사망했다. 신장결석 발작으로 인한 합병증이 그 원인으로 추정된다.

1568년 10월에는 남동생 아르노 드 몽테뉴 드 생마르탱Arnaud de Montaigne de Saint-Martin이 이상야릇한 스포츠 사고로 목숨을 잃었다.

1570년에는 결혼 5년 만에 얻은 첫딸이 태어난 지 두 달 만에 죽고 만다. 몽테뉴는 보르도 고등법원 재판관의 딸 프랑수아즈 드 라샤세뉴Françoise de La Chassaigne(1545~1602)와 결혼해서 딸 여섯을 낳았지만, 하나를 제외하고는 모두 일찍 죽었다.

친구와 가족이 잇따라 사망하면서 몽테뉴에게 죽음은 막연한 위협의 대상이 아니라 일상을 짓누르는 공포가 되었다. 몽테뉴는 나중에 자신의 글에서 "죽음은 얼마나 기습적으로 다가오는가"라고 묻는다. 브르타뉴 공작은 클레멘스 교황이 리옹에 입성할 때 군중에 치여 압사했고, 프랑스 왕 앙리 2세는 창술 시합을 하다가 죽었고, 루이 6세의 장남 필리프는 성난 돼지에 받힌 말에서 떨어져서 죽었다. 고대 그리스의 작가 아이스킬로스는 집이 무너져 죽는다는 예언에 질겁하여 옥외에서 살았건만, 하늘을 날던 독수리가 떨어뜨린 거북 등껍질에 맞아 죽었다. 포도 씨가 목에 걸려 죽은 사람도 있고, 머리를 빗을 때 긁힌 상처 때문에 죽은 사람도 있다. 로마인 아우피디우스는 원로원 회의실에 들어가다가 문에 부딪혀 죽었다. 어느 누가 이렇게 죽으리라고 미리 짐작조차 했겠는가?

몽테뉴에게 가장 고통스러운 죽음은 둘도 없는 친구 라보에티의 죽음이었다. 그러나 그에게 가장 충격적인 죽음은 남동생 아르노의 죽음이었다. 아르노는 당시 스물일곱 살이었는데, 죄드폼 시합을 하다가 오른쪽 귀 윗부분을 공으로 얻어맞았다. 멍이 들거나 상처를 입지도 않았는데, 대여섯 시간 뒤에 동생은 의식을 잃고 결국 뇌졸중으로 죽고 말았다. 몽테뉴는 말한다.

이런 일들이 예사로 우리 눈앞에서 벌어지는데 어떻게 우리가 죽음을 생각하지 않을 수 있으며, 어떻게 죽음이 끊임없이 우리에게 덫을 놓고 있다는 생각을 떨쳐버릴 수 있단 말인가._1권 19장

몽테뉴는 스페인의 신학자이자 철학자인 레몽 드 스봉Raymond de Sebond[1]의 저서《자연신학 또는 피조물의 책 *Thelogia naturalis, sive Liber creaturarum*》을 프랑스어로 번역하여 1569년 출간했다. 훗날 〈레몽 드 스봉의 변호 L'apologie de Raymond de Sebond〉라는 글을 《수상록》에 쓰기도 했다. 거의 1천 쪽에 달하는 이 방대한 책을 "선량

한 아버지의 분부를 거역할 수 없어서" 번역하기 시작했지만 몽테뉴는 "대단한 열의와 노력"이 필요했던 이 작업을 통해 많은 것을 배웠다고 적고 있다. 1568년 6월 18일 몽테뉴는 파리에서 아버지에게 바치는 헌정문을 썼다. 그의 아버지는 바로 그날 몽테뉴 성에서 임종을 맞았다. 이를 계기로 죽음의 본질에 대해 깊이 생각하게 되면서 인생의 가치나 목적을 바라보는 몽테뉴의 관점도 바뀌었다.

1569년이나 1570년 초, 아버지와 동생의 죽음 이후 몽테뉴는 실존적인 위기를 겪게 된다. 낙마 사고를 당한 것이다. 어느 날 몽테뉴가 말을 타고 가는데 누군가가 그에게 돌진하여 부딪혔다. 몽테뉴는 타고 가던 말에서 떨어져 의식을 잃었고 큰 부상을 입었다. 하마터면 죽을 뻔했다. 주변 사람들이 그를 성으로 옮겼고, 몽테뉴는 원래의 상태를 되찾았다. 하지만 한동안 의식이 있는 둥 없는 둥 해서 그는 당시 텅 빈 공중에 떠 있는 듯한 느낌을 받았다고 한다.

2 - *Château de MICHEL-MONTAIGNE*
(Dordogne)
Entrée du Château et Tour de Montaigne
(XIVe siècle) BR.

몽테뉴 성의 입구와 몽테뉴의 탑(19세기경의 사진).

생명이 내 입술 끝에 간신히 매달려 있는 듯싶었다.
나는 생명을 밖으로 밀어내는 것을 돕기라도 하는 양
두 눈을 감았다. 그리고 기운이 멀리 빠져나가도록 내
버려두는 것을 즐겼다. 물론 그것은 내 영혼의 표면에
떠도는 상상에 불과했고, 나머지 다른 요소들과 마찬
가지로 약하고 희미한 것이었다. 그렇지만 사실 거기
에는 불쾌한 느낌이 전혀 없었을뿐더러, 마치 잠이 스
르르 올 때와 같은 감미로움마저 섞여 있었다. _2권 6장

몽테뉴는 '훈련에 대하여'라는 글에서 당시의 사고
를 회상했다. 그는 이 글에서 죽음은 "우리가 완수해야
할 가장 큰 과업"이지만 그렇다 해도 예행연습을 할 수
없는 일이라고 탄식한다.

어떤 실질적 훈련도 별 도움이 되지 않는다. 사람은
경험과 습관을 통해 고통과 수치와 가난과 그와 유사
한 어려움 또는 시련에 맞서 자기를 굳건하게 만들

수 있다. 하지만 죽음은 평생 단 한 번밖에 겪어보지 못한다. 죽음에 직면해서 우리는 모두 초심자이다.

_2권 6장

몽테뉴의 인생관을 그렇게 바꾸어놓은 낙마 사고는 불과 몇 분 사이에 일어났지만, 그 영향은 몇 년 동안이나 계속되었다. 몽테뉴는 그때 자신이 겪었던 일을 회상하면서 철학자들의 책에서 얻은 지식과 대조하는 데 많은 시간을 보낸다. 그리고 그로부터 몇 년이 지나 책상에 앉아 그 낙마 사고에 관한 이야기를 비롯해, 다양한 주제에 대해 글을 쓰기 시작한다.

몽테뉴는 1571년에 《수상록》을 집필하기 시작하는데, 그때까지 그는 두 가지 방식으로 생활을 영위하고 있었다. 한편으로는 보르도 정계에서 법관직을 수행하고 있었고, 다른 한편으로는 자신의 영지를 관리하고 있었다. 그러다가 1570년에 법관직 사임을 결심

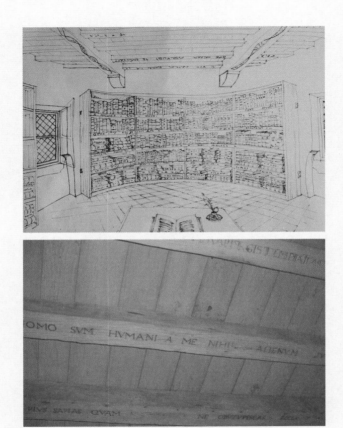

위_ 몽테뉴 서재의 상상도.
아래_ 서재의 천장에 기록된 라틴어 경구들.

하게 된다. 몽테뉴가 이렇게 결심한 배경에는 낙마 사고 말고도 또 다른 이유가 있었다. "법원의 고위직을 지원했으나 거절당했던 것이다. 정적들이 그의 승진을 막았던 것으로 보인다. 이런 경우 항의하거나 맞서 싸우는 것이 상례지만 그는 사임하기로 했다. 화가 나서였거나 아니면 환멸을 느꼈기 때문인 것 같다. 아니면 죽음을 직접 체험한 탓에 남동생마저 잃어 인생관이 달라졌기 때문인지도 모른다."[2]

몽테뉴는 공식적으로 1570년 7월 23일에 보르도 고등법원 법관직을 가까운 친구인 플로리몽 드 레몽 Florimond de Raemond에게 양도한다. 그리고 그해 말이나 이듬해 초쯤 아버지에게서 물려받은 몽테뉴 영지의 성으로 돌아온다.

몽테뉴의 아버지 피에르 에켐 드 몽테뉴가 건립한 성에는 커다랗고 둥근 16세기 양식의 탑이 있었다. 그 탑의 4층에 몽테뉴의 서재가 있었다. 1571년 2월 28일, 자신의 생일에 몽테뉴는 서재 옆방의 난로 위 벽에 라틴어로 은퇴사를 적어두었다.

서력기원 1571년 3월 초하루 전날, 미셸 드 몽테뉴는 서른여덟 번째 생일을 맞이하여, 이미 오래전부터 고 등법원에서의 굴종과 공직의 부담에 혐오를 느껴왔 기에, 아직 원기가 왕성할 때, 그리 많이 남지 않은 생 을 박식한 처녀 학자의 품에서 아무 근심 없이 평온 하게 보내기 위해 이곳에 은거했다. 원컨대 운명이 그 로 하여금 조상 대대로 안락한 은신처였던 이곳을 수 리하고, 그리하여 자유와 평온과 여가를 향유할 수 있 게 해주기 바란다.[3]

몽테뉴는 이 구석진 탑에서 대부분의 시간을 보내 며 책을 읽고 명상을 하고 집필을 한다. 그 당시의 심경 은 《수상록》 1권에 실린 '무위에 대하여'에 담겨 있다. 이 글은 몽테뉴가 왜 《수상록》을 쓰기 시작했는지를 밝 혀준다는 점에서 매우 흥미롭다.

몽테뉴가 1571년 2월 28일 라틴어로 쓴 은퇴사.

최근에 나는 사람들에게서 떠나와 얼마 남지 않은 생을 조용하고 평안하게 지내는 것 말고는 되도록 다른 일에 관여하지 않기로 결심하고 내 성城으로 물러앉았다. 내 정신을 완전히 무위에 맡기고, 정신이 스스로 상태를 유지하게 하고, 내 속에 자리를 잡고 편히 쉬도록 내버려두는 것 이상으로 내가 정신에 할 수 있는 일은 없으리라고 생각했다. 앞으로 내 정신이 시간이 지날수록 무게를 더하고 원숙해지면, 보다 쉽게 그런 생활을 할 수 있으리라고 기대했다. 그런데 나는, "무위는 항상 방황하는 정신을 낳는다"(루카누스)는 것을 깨달았다. 오히려 정신은 고삐 풀린 말馬처럼 타인의 일에 힘쓰기보다 백 곱절이나 자기 자신의 일에 더 마음을 쓴다는 것을 알았다. 또한 내 정신은 질서도 상호 연관성도 없이, 수많은 망상이나 기괴한 괴물을 계속해서 만들어내는 것이었다. 그리하여 나는 그 두서없고 괴이한 꼴을 관찰하기 위해, 그리고 언젠가는 내 정신이 그것들을 보고 스스로 부끄럽게

여기기를 기대하면서 그것들을 종이에 적기 시작했다. _1권 8장

몽테뉴가 은퇴한 이유는 그 무엇보다 조용히 살면서 정신을 성숙하게 하고, "온전한 자신이 되어" 책의 "품속"에 파묻히기 위해서였다. 고대 철학자들의 말대로 몽테뉴는 "인간은 공적 삶이나 사회, 직장에서는 진정한 자신으로 살 수 없으며, 고독과 명상과 독서 속에서 비로소 온전한 자신을 되찾을 수 있다고 생각했다".[4] 하지만 홀로 성의 탑으로 물러앉아 빈둥거리다 보니 갖가지 이상한 생각이 떠오르고 정신은 고삐 풀린 말처럼 사방으로 날뛰며, 법관 시절보다 더 산만해졌다. "수많은 망상이나 기괴한 괴물"이 그의 정신을 지배했다.

몽테뉴는 그래서 글을 써보자는 생각을 했다고 말한다. 불안을 잠재우고 그 기괴한 괴물들을 다스리기 위한 수단으로, 또는 치료약으로 삼고자 글을 쓰기로 했다는 것이다. 고대 로마의 철학자 세네카는 이렇게

권했다. "은둔 생활을 할 때 우울해지거나 따분해지면 자기 자신을 돌아보고 각종 사물의 다양성과 숭고함에 관심을 둬라. 구원은 자연에 주의를 집중하는 데 달려 있다." 몽테뉴는 여기서의 '자연'을 가장 가까이에 놓여 있는 자연 현상, 즉 자기 자신을 뜻하는 것이라고 받아들였다. 그리하여 자신의 상념을 정리하고, 자신의 경험을 관찰하고, '나는 누구인가? 내가 알고 있는 것은 무엇인가?'라는 근원적인 질문을 자기 자신에게 던지면서 그 내용을 글로 옮기기 시작했다.

이 책은 다양하고 유동적인 잡다한 사건들과 갈피를 잡을 수 없는 생각들, 때로는 서로 상반되기도 하는 생각들에 대한 기록이다. 나 자신이 다른 나로 바뀌기 때문일 수도 있고, 내가 다른 상황이나 다른 관점에서 주제를 다룰 수도 있기 때문이다. 어쨌든 내가 경우에 따라 모순되는 말을 하더라도, 데마데스가 말했듯이, 진실에 어긋나지는 않을 것이다. 만일 내 영혼이 자리를 잡을 수만 있다면, 나는 나 자신을 다시 문제 삼지 않고 결단을 내릴 것이다. 그런데 내 영혼은 늘 수행을 쌓으며, 시련을 겪고 있다.

나는 여기에 변변찮고 광채 없는 한 인생을 드러낼 테지만, 상관없다. 모든 도덕 철학은 평범하고 소박한 개인의 삶에도, 좀 더 풍부하고 다채로운 천을 입힌 삶에도 똑같이 적용되게 마련이니까. 사람은 너나없이 인간이라면 누구나 갖고 있는 조건을 자기 속에 고스란히 지니고 있다._3권 2장

《수상록》의 집필은 1571년에 시작되어 몽테뉴가 1592년 죽기 직전까지 약 20년 동안 계속되었다.《수상록》의 초판은 1580년, 보르도에서 현지 출판업자인 시몽 밀랑주Simon Millanges에 의해 간행된다. 아주 얇은 책 두 권으로 되어 있었던 초판은 수많은 가필과 수정을 거치면서 1권 57장, 2권 37장, 3권 13장, 모두 107장으로 된 방대한 작품이 되었다.

《수상록》에 실린 판화(1635).

몽테뉴는《수상록》을 출간하면서 제목을 '에세Les Essais'라고 붙였는데, '에세'는 프랑스어로 '시험'이나 '시도', '경험'을 의미한다. 몽테뉴가 이런 제목을 붙인 이유는 "자신에게 질문을 던지고, 그 질문에 대한 사색의 결과물을 담았다는 집필 의도를 표현하기 위해서"였다. 이 책은 '에세이'라는 글쓰기 장르의 원조가 되었다.

몽테뉴는《수상록》의 저술을 통해 사유를 '실험'했다. 그는 자신의 경험, 책, 여행, 자신이 만난 사람, 믿음, 감정 등 다양한 주제를 두루 다루었으며, 때로는 자신의 성생활, 자신이 키우는 고양이에 대해서도 깊이 생각하고 이치를 따졌다. 그는 평생 '나는 무엇을 아는가?Que sais-je?'라는 반성적 질문을 품고서 "인간과 관련된"[5] 거의 모든 것에 대해 사유하고 그 결과를 책의 여백 혹은 뒷면에 꼼꼼히 기록했다.

《수상록》은 몽테뉴가 집필한 유일한 책이다. 그의 생애, 자신과 세계, 인간과 동물, 종교와 과학, 교육과 형벌, 남녀평등, 자연과 문명, 권력과 평등, 삶과 죽음

등에 대한 성찰이 이 책에 집약되어 있다. 학자나 성직자들의 공용어였던 라틴어[6]가 아닌 16세기 당시 통용되던 거칠고 조악한 프랑스어로 기록된 이 책은, 약동감 넘치는 매력적인 문체에도 불구하고 읽기가 쉽지만은 않다. 하지만 우리에게 삶의 지혜는 물론이고 현실 문제에 대한 해답을 제시하는 보석 같은 문장들을 발견하는 기쁨을 주는 것만은 분명하다.

《수상록》을 읽다 보면 세계의 불확실성, 세상의 유동성, 이에 대한 우리의 무력함 등을 언급한 부분이 곳곳에서 눈에 띈다. 《수상록》 3권 2장 '후회에 대하여'(본서의 3부 2장에 실려 있다)에는 이와 관련한 몽테뉴의 성찰이 담겨 있다. 그는 여기서 자신이 집필 과정에서 깨달은 지혜를 집약해 이야기한다. 그것은 유동성 안에서의 불변성이라는 역설이다.

세계는 영원히 흔들리는 그네에 불과하다. 모든 것은

끊임없이 흔들린다. 대지도, 캅카스의 바위도, 이집트의 피라미드도 세계 전체의 운동과 그 자체의 운동으로 움직이고 있다. 영원불변함 자체도 사실은 시들어 힘이 없는 움직임에 불과하다. 나는 내 연구의 대상에 대해 확신할 수 없다. 그는 자연스러운 취기의 영향을 받은 것처럼 비틀거리고 망설이면서 앞으로 나아간다. 나는 그가 존재하는 상태 그대로, 내가 흥미를 느낀 순간의 그를 받아들인다. _3권 2장

몽테뉴도 진리를 찾는다. 그러나 이토록 불안정하고 불확실한 세상에서 진리를 발견하기란 불가능하다. 고대 그리스의 철학자 헤라클레이토스는 "판타 레이 Panta rei"라고 말했다. '만물은 유전流轉한다'는 뜻이다. 지상에 있는 모든 것은 영원불변하지 않다. 대지도, 바위도, 아무리 굳고 단단한 건축물도 변한다. 사유하는 주체도 움직이고, 사유의 대상도 움직인다. 이런 마당에 어떻게 견고하고 신뢰할 만한 지식을 얻을 수 있단

말인가?

결국 우리의 존재에도 영원불변한 것은 하나도 없다.
우리도, 우리의 판단도, 그리고 죽음을 면할 수 없는
모든 생명도 끊임없이 유전한다. 따라서 확실한 것은
하나도 입증될 수 없다. 판단의 주체도, 판단의 대상
도 끊임없는 변화와 동요 속에 있기 때문이다.

_2권 12장

진리라는 것은 파도처럼 요동치며 그때그때 변하
는 것이고, 우리가 따라가는 와중에도 시시각각 변하
는 변덕스러운 것이다. 우리가 확실한 생각 하나를 포
착했다고 생각하는 그 순간, 확실성은 이내 해체되고,
우리 자신은 이미 다른 곳에 가 있다. 그래서 몽테뉴는
다음과 같이 말했다.

나는 존재를 그리지 않는다. 내가 그리는 것은 과정이

다. 한 시기에서 다른 시기, 또는 사람들이 말하듯 칠 년씩의 과정이 아니라 매일 매분을 그린다._3권 2장

세상이 변하는 순간 나도 변한다. 자신의 경험과 사유를 기록한 《수상록》에서 몽테뉴는 겸허하게 세상 만물이 얼마나 쉼 없이 변하는지를 기술하고 있다. 몽테뉴는 우리의 앎이 지닌 지극히 제한적인 성격과, 우리가 내리는 판단의 유동적 측면을 인식했다. 그래서 인간들이 집착하는 삶이나 진리란 것도 결국은 "헛되고 헛된" 일로 보았다. 그 때문에 몽테뉴는 "존재가 무엇인지를 형이상학적으로 탐구하기보다는, 그저 시간과 공간 속에서 덧없이 흔들리는 존재들의 추이를 묘사하고 그리는 데 더 큰 관심을 가졌다".[7]

1578년, 마흔다섯 살의 몽테뉴는 갑작스럽고 격렬한 신장결석 증세로 큰 고통을 겪는다. "피까지 토하고, 경련에 시달리고, 때로는 눈에서 닭똥 같은 눈물이 넘

쥘 엘리 들로네, 〈로마의 페스트〉(1869).

쳐흐르고, 시커먼 오줌을 내보내거나 뾰족하게 곤두선 결석 때문에 오줌이 막히고, 음경에 바늘을 찌르는 듯한 통증이나 쥐어뜯는 듯한 통증"을 느꼈다.

몽테뉴의 아버지도 신장결석으로 인해 세상을 떠나기 전 7년 동안 극심한 고통에 시달리며 통증을 견디지 못해 혼절하곤 했다. 몽테뉴는 이 병이 "온갖 질병 중에서 가장 고약하고 가장 갑작스럽고 가장 고통스럽고 가장 치명적이며 가장 치료하기 어려운 병"이라고 말했다. 그는 신장결석이 생기면 죽을 수도 있다는 사실을 알았다. 때로는 고통이 너무 심해서 차라리 죽기를 바라기도 했다. 하지만 그는 참으로 그다운 방법으로 결석의 통증과 사귀는 법을 마침내 터득하고 만다.

통증에서 이득을 얻은 것도 있다. 여태까지는 죽음과 완전히 화해하여 친하게 지내지 못했지만, 통증이 그것을 이루어줄 것 같다는 점이다. 통증이 나를 괴롭히고 귀찮게 굴수록 나는 죽음을 덜 두려워하게 될 테

니까._3권 37장

몽테뉴는 결석 통증을 온천욕으로 고치는 법 등에 관해서 다양한 글을 남겼다. 그는 자신이 앓는 질병과 관련된 현상을 관찰하고 기록하면서 '미셸 드 몽테뉴'라는 자아를 세밀하게 탐색하게 되었다. 발작이 일어난 후 결석이 빠져나갈 때의 "달콤하고" "홀가분한" 느낌은 말로 표현할 수 없는 것이었다.

돌이 빠져나가면서 극심한 통증이 마치 번개라도 친 듯, 자유롭고 충만한 건강의 아름다운 빛을 되찾았을 때의 그 갑작스러운 변화에 견줄 만한 달콤한 순간이 또 있겠는가? 통증이 갑자기 완화되었을 때 느끼는 기쁨을 무엇에 빗댈 수 있겠는가? 질병과 건강이 서로 치장한 채 가까이 접근해 상대방과 다투고 있을 때, 병을 치르고 난 뒤의 건강은 얼마나 더 아름답게 보일까?_3권 13장

발작은 여전히 고통스러웠지만, 침착한 몽테뉴의 '정신'은 육체의 통증까지도 평정심을 유지한 채 바라볼 수 있게 되면서 이윽고 결석증과도 우정을 느끼며 사귀게 되었다.

나는 벌써 결석의 고통과 화해하기로 했다. 나는 고통에서 위로와 희망을 발견한다._2권 37장

몽테뉴는 나이 듦에 대해서도 비슷한 교훈을 얻었다. 나이가 든다고, 경험이 많이 쌓인다고 삶의 지혜가 저절로 생기는 것은 아니었다. 오히려 그는 젊은 사람보다 나이 많은 사람에게 허영심과 성격상의 결함이 더 많이 생긴다고 생각했다.

우리의 영혼은 젊었을 때보다 늙었을 때에 더 거북하고 난처한 질병이나 결함에 얽매이는 것 같다. 나는 젊은 시절에 이미 이런 이야기를 했다. 그때는 사

람들이 나를 비웃었다. 턱에 수염도 나지 않은 주제
에 그런 말을 한다고 말이다. 허옇게 센 머리칼 덕분
에 사람들의 신임을 얻고 있는 지금 이 순간에도 나
는 같은 이야기를 한다. 우리는 성질이 까다롭고 현재
의 사물에 대해 염증을 느끼는 것을 '지혜'라고 부른
다. 그런데 사실 사람들은 되도록 악덕을 버리지 않
으면서 악덕을 바꾸려고 한다. 내가 보기에는 그것이
최악의 방법인데 말이다. 어리석고 비생산적인 자존
심과 진력나는 잔소리, 까다롭고 비사교적인 성격, 미
신, 그리고 쓸모없는 부富에 대한 꼴같잖은 취향 같은
것 말고도, 나는 노년에서 더 많은 시기심과 부당함
과 심술궂음을 발견한다. 노년이 되면 얼굴보다 정신
에 더 많은 주름살이 생긴다. 늙으면서 시큼해지고 곰
팡내 나지 않는 영혼이란 없으며, 있다 해도 매우 드
물다. _3권 2장

나이가 들면 어리석고 비생산적인 자존심을 내세

《수상록》 1859년판에 실린 귀스타브 도레의 삽화.

우고, 따분한 수다나 떨고, 사소한 일에 걸핏하면 성을 내고, 비사교적으로 변하고, 미신에 사로잡히고, 아무 쓸모 없는 부富에 대해 걱정하는 경향을 띤다. 그러나 이것은 한쪽으로 기울거나 쏠린 것이다. 올바른 방향이 아니다. 나이 듦의 가치는 그러한 결함을 바로잡는 데 있기 때문이다. 노인이 되면 젊었을 때보다는 자신이 과오를 범하기 쉬운 존재라는 것을 인정할 기회가 더 자주 생긴다. 자신의 육체와 정신에 새겨진 쇠퇴의 흔적을 보면서 자신도 부족하고 유한한 인간이라는 사실을 받아들인다. 나이를 먹는다고 현명해지지는 않는다는 사실을 이해하면 일종의 지혜를 얻게 되는 셈이다. 결국 사는 법을 배우는 것은 이렇게 결함과 함께 살아가고 결함도 기꺼이 받아들이는 법을 배우는 것이다.

우리의 존재는 갖가지 병적인 자질들로 단단히 짜 맞춰져 있다. 야심·질투·시기심·복수심·미신·절망 등이 아주 자연스럽게 우리들 속에 자리 잡고 있기 때문에, 우리는 이런 모습이 짐승들에게도 있는 것을 알아본다. 잔인성은 자연스러운 것이 아니다. 그러나 우리는 동정심을 느끼는 와중에 우리 속에서 남이 고통받는 것을 지켜보는 심술궂은 쾌감의 새콤달콤하면서도 따끔따끔한 뭔가를 느낀다. 어린아이들도 이것을 느낀다. "폭풍우 속의 바람이 파도를 뒤집어엎을 때에 해안에 서서 남이 난파하는 모습을 보기란 즐거운 일이다."(루크레티우스) 그러나 누군가가 이런 행동의 씨앗을 인간에게서 제거한다면 우리 삶의 근본적인 조건들도 동시에 파괴될 것이다._3권 1장

평상시의 생활에서 정신의 순수성과 통찰력을 지나치게 강조하는 경우가 있다. 이것이 과하면 부족함만 못하다. 철학도 마찬가지다. 실제 삶에 적용하기 위해서는 그것을 "둔중하고 무디게" 만들 필요가 있다. 지나치게 고매하고 정교하고 치밀한 사상은 실천하기에는 부적절하다. 상황과 결과를 다 따져보고 나면 선

프랑스 파리의 폴팽르베 광장(소르본 대학 맞은편)에 세워진 몽테뉴의 동상.

택은 궁해지기 마련이다. 지나치거나 모자라지 아니하고 한쪽으로 치우치지도 아니하게, 겸손하고 다소 애매하게 살아가는 게 좋다. 그러면 나머지는 자연이 다 알아서 해줄 것이다.

자연은 우리에게 걷기 위한 다리를 주었듯이, 인생을 살아가기 위한 지혜를 주었다. 물론 그 지혜는 철학자가 고안해낸 것처럼 기발하고 튼튼하고 화려한 지혜가 아니라, 적절하게 평이하고 평온하고 유익한 지혜다. 그 지혜는 있는 그대로, 순리에 따라, 바꿔 말하면 자연스럽게 그 지혜를 사용하는 법을 다행히도 알고 있는 이에게는 철학자가 건성으로 한 말을 훌륭히 실천하게 해준다. 가장 단순하게 자연에 몸을 맡기는 것이 가장 현명한 방법이다. 무지와 무려無慮는 잘난 머리를 쉬게 하는 데 너무나도 부드럽고 안락하고 건강한 베개이다._3권 13장 죽음은 몽테뉴가 평생 몰두한 주제 가운데 하나이다. 어찌 보면 《수상록》은 죽음 준비의 일환이었다고 할 수 있다. 몽테뉴는 《수상록》의 첫 번째 장인 '여러 가지 방법으로 사람들은 같은 결과에 도달한다'부터 3권 맨 끄트머리에 실린 '경험에 대하여'에 이르기까지 이 문제를 반복해서 끄집어낸다.

몽테뉴는 죽음은 우리가 피할 수 없는 문제라고 했다. 《수상록》 1권 전반부에서 "우리 생애의 최종 목표는 죽음이다. 죽음은 우리 운명의 필연적인 목표다"라고 말하면서 "죽음이 두렵다면, 어떻게 떨지 않고 한 발짝이라도 앞으로 내디딜 수 있겠는가"라고 반문한다. 그리고 다소 과장되고 허풍스럽게 다음과 같이 주장한다.

따라서 우리가 평생 하고 있는 그 밖의 모든 행위는 이 마지막 행위를 시금석으로 하여 평가되어야 한다. 그것은 가장 중요한 날이고, 다른 모든 날을 재판하는 날이다. 어느 옛사람의 말대로, 과거의 모든 세월을 재판해야 하는 날이다. 나는 내가 공부한 성과를 시험하는 일을 죽음에 맡긴다. 그때가 되면 내 말이 말뿐인지, 아니면 마음속에서 우러나온 것인지를 알 수 있게 될 것이다._1권 18장

몽테뉴는 죽음에 관한 주제를 다루면서 초기에 쓴 글에서는 그와 같은 역경에 대처할 수 있도록 수련하라고 말한다. 그는 먼저 고대 로마의 정치가이자 철학자 키케로의 명제 "철학이란 어떻게 죽어야 하는가를 배우는 것이다"라는 주장에 동의하는 데서 출발한다. 고래로 죽음에 관한 수많은 철학적 논의와 진술은 결국 죽음의 준비에 초점을 맞추고 있다는 것이다.

몽테뉴는 '죽음을 어떻게 준비해야 하는가'라는 물음에 대해 대략 세 가지 태도를 제시한다. 첫째, 죽음을 외면하고 보고도 못 본 체하는 것이다. 몽테뉴가 보기에 일반 대중의 이런 태도는 망각과 맹목의 상태다. 몽테뉴는 이 태도에 대해 이렇게 반문한다. "하지만 얼마

나 짐승 같고 우둔하면 그렇게 무지하게 눈이 멀 수 있
단 말인가. 그것은 당나귀의 꼬리에 굴레를 씌워 끌고
가는 것과 같다." 죽음은 외면한다고 사라지고 등 돌린
다고 없어지는 것이 아니다.

뿐만 아니라 많은 경우에 죽음은 예고 없이 닥친
다. 나이도 가리지 않는다. "인류 중 가장 위대한 인간"
이었던 알렉산드로스 대왕도 서른세 살에 죽었다. 죽
음은 두려운 것이다. 그래서 보지 않으려고 눈을 돌리
는 것은 누구나 가질 수 있는 태도이다. 몽테뉴도 분별
없이 허세를 부리지는 않는다. 만약 피해서 되는 일이
라면 어떤 짓을 해서라도 피할 것이라고 솔직하게 말
한다.

걱정할 것 뭐 있어, 어떻게 죽건 그게 무슨 상관이야,
라고 말할 수도 있다. 물론 나도 그렇게 생각한다. 죽
음의 습격을 피할 수만 있다면, 나는 송아지 가죽을
뒤집어쓰는 일도 마다하지 않을 것이다._1권 19장

둘째는 자나 깨나 죽음을 생각하며 대비하는 것이다. 널리 알려진 경구인 '메멘토 모리Memento mori(죽음을 기억하라)'에 담겨 있는 지혜이기도 하다. 몽테뉴는 아무도 죽음을 피할 수 없으니 죽음과 친밀해지라고 조언한다. 죽음에 대해 생각하는 훈련을 하고, 죽음에 대해 따져 논함으로써 죽음에 익숙해지라는 것이다.

그러므로 죽음이라는 적에 당당하게 맞서 싸우는 법을 배우자. 그리하여 우선 우리를 압도하는 적의 가장 큰 강점을 빼앗기 위해, 사람들이 흔히 선택하는 길과는 정반대되는 길을 택하자. 적에게서 기이한 면을 없애고, 적과 자주 사귀어 익숙해지고, 무엇보다도 종종 죽음을 염두에 두도록 하자. 매 순간 죽음을, 죽음의 온갖 모습을 상상 속에 그리자. 말馬이 딴 길로 벗어나도, 기왓장이 떨어져도, 장식 핀에 살짝 찔려도, '그런데 만일 이게 죽음이라면?' 하고 되새기면서 죽음에 대해 단단해지자. 그리고 우리 자신을 강하게 단

마리 드 구르네Marie de Gournay(1565~1645)의 초상. 구르네는 몽
테뉴의 양녀로서 몽테뉴 사후에《수상록》의 개정판(1595)을 편집하고
간행했다.

련하자._1권 19장

또한 몽테뉴는 자연이 우리에게 죽음을 학습할 수
단을 마련해준다고 말한다. 그것은 노화다. 청춘에서
노년으로, 그리고 죽음으로 이어지는 과정이 단절 없
이 계속 진행되는 노화를 통해 우리는 서서히 죽음을
준비할 수 있는 것이다.

신은 생명을 조금씩 빼앗아감으로써 인간에게 은총
을 베푼다. 이것이 노화의 유일한 미덕이다. 노화를
겪으며 조금씩 죽어온 덕분에 마지막 순간에 죽음이
완전하지도 고통스럽지도 않은 것이다. 그 상태에서
죽음은 그저 존재의 절반, 혹은 사 분의 일만 죽는 것
이기 때문이다._3권 13장

노화의 이점은 바로 우리가 갑작스레 죽음을 맞이
하지 않고 점진적으로 죽음과 가까워질 수 있다는 것

이다. 인간의 삶은 죽음을 향해 전진하는 것이다. 산다는 것은 죽음을 향한 길 위에 존재하는 것이다. 그러므로 삶의 마지막 시기에도 우리는 두려워할 필요가 없다.

죽음을 생각하고 죽음에 맞설 준비를 한다면 우리는 삶에 굴종하지 않고 '자유'를 획득하게 된다. 죽음을 미리 받아들이면서 '선구적' 깨달음을 얻게 되는 것이다.

죽음이 어디서 우리를 기다리는지 알 수 없으니, 어디서든 죽음을 기다리자. 죽음에 대해 미리 생각하는 것은 자유에 대해 미리 생각하는 것이다. 죽는 법을 배운 사람은 노예 상태에서 벗어난 사람이다. 생명의 상실이 나쁜 것만은 아님을 깨달은 사람에게 인생에서 나쁜 것이란 아무것도 없다. 죽는 법을 알면 모든 예속과 속박에서 벗어난다. _1권 19장

하지만 죽음을 "길들이고" 매일 생각하다 보면 삶이 칙칙해질 수 있다. 죽음을 연습하는 것이 아무리 현

명하고 이치에 합당한 태도라 하더라도 그것을 실천하며 살아가기란 쉽지 않다. 몽테뉴는 그래서 되받아 묻는다. 오직 "단 한 번만" 일어나는 일에 대해 그리 슬퍼할 필요가 있는지, 짧은 순간에 끝날 일을 그토록 오랫동안 두려워하는 게 과연 옳은 일인지.

그토록 짧은 동안의 일을 그토록 오랫동안 두려워할 이유가 있을까? 오래 사나 일찍 죽으나 죽음의 관점에서 보면 마찬가지다. 더 이상 존재하지 않는 사물에게는 길고 짧음이 적용될 수 없기 때문이다. 아리스토텔레스에 따르면, 히파니스 강변에는 단 하루밖에 살지 못하는 작은 동물들이 있다고 한다. 그 동물들 중 아침 여덟 시에 죽는 동물은 청춘에 죽는 것이고, 오후 다섯 시에 죽는 동물은 노후에 죽는 것이다. 그토록 짧은 동안의 일을 가지고 행복이니 불행이니 가르는 것을 보고 웃지 않을 사람이 있을까?_1권 19장

셋째는, 죽음은 대비할 수 없으니 홀로 찾아오도록 내버려두라는 것이다. 몽테뉴는 2권 6장 '훈련에 대하여'라는 글에서 자신이 타고 가던 말에서 떨어져 죽을 뻔했던 예기치 못한 사고를 회고했다. 그는 자신의 낙마 경험만이 아니라, 페스트와 전쟁의 참화 속에서 과거에는 경멸했던 '일반 대중'이 죽음을 대하는 태도를 접하고 깨달은 바가 있었다. 평범한 백성들의 '무심함 incuriosité'이야말로 죽음 앞에서 우리가 가져야 할 참된 지혜이며, 그들이 죽어갈 때 보이는 모습은, 죽음 자체와 죽음에 대한 긴 준비 때문에 이중고에 시달렸던 아리스토텔레스보다 더 아름답다.

우리는 죽음에 대한 걱정으로 제대로 살지 못하고, 삶에 대한 걱정으로 제대로 죽지 못한다. 죽음에 대한 걱정은 우리에게 고통을 주고, 삶에 대한 걱정은 우리에게 공포를 준다. 우리가 죽음을 준비하는 것은 죽음 자체에 대비하기 위함이 아니다. 왜냐하면 그것

프랑스 보르도의 아키텐 박물관에 소장된 몽테뉴의 묘.

은 너무나 순간적이기 때문이다. 별다른 영향이나 손해 없이 끝나는 십오 분 동안의 고통을 위해 그렇게 특별한 가르침을 받을 필요는 없다. (…) 내 생각에 죽음은 인생의 끝일 뿐 목표는 아닌 것 같다. 그것은 인생의 종말이고, 인생의 극단이지, 그 목적은 아닌 것이다. 인생은 그 자체가 목표이고 목적이어야 한다. _3권 12장

몽테뉴는 한때 키케로의 말대로 "철학이란 어떻게 죽어야 하는가를 배우는 것"이며 "철학자의 일생은 죽음에 대해 명상하는 것"이라고 생각한 적이 있었다. 하지만 이제는 생각이 바뀌었다. 그는 다음과 같이 조언한다.

죽는 법을 모른다고 걱정하지 마라. 자연이 충분히 알아서 잘 가르쳐줄 것이다. 그것 때문에 공연히 속 썩을 필요는 없다. _3권 12장

몽테뉴가 《수상록》에서 그려 보인 죽음을 받아들이는 태도와 아울러 그가 제시한 죽음에 대한 두려움을 극복하는 방식은 적절할 수도 있고, 전혀 적절하지 않을 수도 있다. 하지만 어쨌든 죽음에 관한 그러한 사고와 사색을 통해서 그 자신을 그토록 짓누르던 죽음의 중압에서 벗어나게 된 것만은 분명하다.

죽음 연습 또는 그의 표현을 빌리면 "죽음의 훈련 exercitation"이라고도 할 수 있는 낙마 사고에서 회복되면서, 그리고 페스트를 맞닥뜨린 인간의 태도를 목도하면서 몽테뉴의 인생관은 바뀌었다. '죽음에 대해 공연히 걱정할 필요가 없다'가 그의 기본 신조가 되었다. 그것은 '어떻게 살 것인가?'라는 물음에 대한 대답 중에서 가장 근본적이고 가장 구속이나 억압, 부담이 없는 대답이 되었다.

《수상록》의 마지막 장인 '경험에 대하여'는 몽테뉴가 삶에서 최종적으로 얻은 지혜를 드러낸다. 삶의 기뺌을 만끽하자. 자연에 순응해 살자. 지금 이 순간을 즐기자. 별것 아닌 일로 덤벙대지 말자. 페스티나 렌테 Festina lente, 천천히 서두를 것. 프랑스 우화 작가 장 드 라퐁텐Jean de La Fontaine(1621~1695)이 〈토끼와 거북이Le Lièvre et la Tortue〉에서 말한 바 있는 이 역설적인 라틴어 금언이 요약하는 바를 몽테뉴는 자신만의 방식으로 다음과 같이 표현한다.

나는 지극히 사적인 '어휘 사전' 같은 것을 가지고 있다. 나는 날씨가 나쁘거나 불쾌하면 시간을 '통과'시킨다. 그러나 날씨가 좋을 경우에는 시간을 '통과'시키지 않는다. 시간을 몇 번이고 맛보고, 그 시간에 멈춰 있다. 나쁜 시간은 통과시키고, 좋은 시간은 주저앉혀야 한다._3권 13장

몽테뉴에게 인생이란 "고달프고 경멸해야 하는 것"이 아니라 "소중한 것, 유쾌한 것"이다. 인생을 온통

미래에 맞춰놓고 사는 자들에게 그는 다음과 같이 말한다. 카르페 디엠Carpe diem, 현재를 즐겨라. 영화 〈죽은 시인의 사회〉에서 도전과 자유정신을 상징하는 대사로 쓰이면서 대중적으로도 유명해진 이 말은 본래 고대 로마의 시인 호라티우스가 쓴 라틴어 시의 한 구절이다. "현재를 잡아라, 가급적 내일이란 말은 최소한만 믿어라." 죽음에 대해 쓸데없이 걱정하지 말고 오늘 이 순간을 충만하게 즐기라는 것이다.

> 나는 춤출 때는 춤추고 잠잘 때는 잠잔다. 아름다운 과수원을 혼자 거닐 때, 때로는 내 생각이 산책과는 상관없는 일들로 방해를 받지만, 나는 곧 그 생각들을 산책으로, 과수원으로, 고독의 감미로움으로, 나 자신에게로 돌아오게 한다. _3권 13장

높은 학설로 무장한 스토아 학파의 경건한 지침서를 덮고, 커다란 인생의 책을 펼친 것이다. 몽테뉴는 말

년에 쓴 글에서 "인간의 지복至福은 행복하게 죽는 것이 아니라 행복하게 사는 것이다"라고 말한다. 그는 다른 곳에 가 있는 생각들을 "다시 끌어오고", 인생이라는 과수원을 거니는 속도를 늦추면서, 가능한 한 삶의 "감미로움"과 "아름다움"을 입안 가득 무는 것이 우리 모두의 과제라고 생각했다. 순간을 움켜쥐는 것, 그것이 바로 삶의 윤리이자 미학이라고.

아테네인들이 폼페이우스의 아테네 방문에 경의를 표하기 위해 새긴 고귀한 문구는 나의 생각과 일치한다. '그대는 그대 자신을 인간으로 인정하니 그만큼 신이로다.'

자기 존재를 있는 그대로 누리는 것이야말로 절대적인 완성이며, 신적인 완성이다. 우리는 자신의 처지를 이해하려고 노력하지 않기 때문에 남의 처지를 탐하며, 자신의 내부에서 무슨 일이 벌어지고 있는지 모르기 때문에 자기 밖으로 나가려 한다. 하지만 죽마를 타봤자 부질없는 노릇이다. 죽마를 타면서도 결국 우리는 자신의 발로 걸어야 하기 때문이다. 또 세상에서 가장 높은 옥좌에 오른다 해도 자기 엉덩이로 앉기는 매한가지이다.

내가 보기에 가장 아름다운 삶은 보편적이고 인간적인 본보기를 따르는 삶, 질서가 있으면서 특별함도 괴상함도 없는 보통의 삶이다. _3권 13장

이것이 《수상록》 마지막 장의 맺음말 부분에 있는 몽테뉴의 당부이다.

　　몽테뉴의《수상록》속 구절들을 가려 뽑아 번역할 생각을 하게 된 것은 다음의 단 한 문장 때문이었다.

　　연륜이 쌓인다고 지혜가 저절로 생기는 것은 아니다.

　　《수상록》에 나오는 이 문장은 잠들어 있던 내 머리를 주먹으로 한 대 치듯 나를 잠에서 깨웠다. 어리석고 쓸데없는 자존심을 내세우고, 따분한 수다나 떨고, 사소한 일에 성을 내고, 명리에 사로잡히거나 과욕에 짓눌려 무겁고 갑갑하게 지냈던 내 몸과 마음에 선명히 흔적을 남겼다.

　　나는 최근 몇 년 사이 내 연배의 탐욕과 분노, 어리석음에 넌더리가 나 있었다. 한바탕 곤두박질을 치고 난 기분이었다. 침착하고 꿋꿋하게 세상을 응대하려

했지만 정말 녹록한 일이 아니었다. 황지우 시인의 표현을 빌리자면, "내가 사랑했던 자리마다 모두 폐허"였다. 내가 그때의 혼란과 방황을 이해하기까지는 오랜 시간이 걸렸다.

나는 동네 뒷산을 다니면서 마음을 비우려고 애썼다. 사사로움을 줄이고 욕심을 버리니 마음이 안정되고 몸이 두루 가벼워졌다. 나는 그 '비움의 미덕'을 잃을까 두려워 몽테뉴의 《수상록》을 끼고 살면서 아침저녁으로 읽었다.

보르헤스의 말처럼, 독서는 행복을 얻는 방법들 중하나이다. 나는 때로는 욕망을 덜어내고 화를 피하고 허물을 없애기 위해, 때로는 위로를 구하고 인생의 지혜를 얻기 위해 몽테뉴를 읽고 또 읽었다.

고통스러운 생각에 사로잡히면 그것을 억제하기보다 생각을 바꾸는 편이 훨씬 빨리 그것을 극복할 수 있다. 생각을 전혀 다른 것으로 바꿀 수 없다면 반대로

생각한다. 생각을 바꾸면 위안을 얻고, 문제가 풀리고, 번민이 없어진다. _3권 4장

돌이켜보니 나는 20대 초반부터 거의 10년에 한 번씩 《수상록》을 다시 읽곤 했다. 몽테뉴의 책은 그때마다 내게 살아 있는 사람이 줄 수 없는 무언가를 주었다.

스무 살에는 꿈을 갖기 위해 책을 읽었다. 도서관 서가에 꽂힌 귀스타브 랑송Gustave Lanson의 《불문학사 *Manuel illustré d'histoire de la littérature française*》는 당시의 불문학도에게는 교과서와 같은 책이었다. 그 책의 한글 번역판 표지에는 프랑스 문학을 빛낸 세 인물의 초상이 그려져 있었다. 장 자크 루소와 몰리에르, 그리고 몽테뉴였다.

그 무렵 내 앞에 놓인 삶은 모호하고 미래는 불투명했다. 나는 이유를 알 수 없이 기갈 들린 사람처럼 그 책의 표지에 있는 작가들의 작품을 찾아 읽었다. 그때 도서관 후미진 곳에서 읽은 루소와 몽테뉴의 책들은

내가 누구인지, 내 꿈이 무엇인지, 그 실체에 대하여 자각할 수 있게 해주었고, 우울한 시대를 견딜 수 있는 용기를 주었으며, 한층 더 높은 삶의 목표를 향해 나아가게 해주었다.

서른에는 살기 위해 읽었다. 귀스타브 플로베르는 몽테뉴의 책에서 무엇을 얻어야 할지 궁금해하는 친구에게 이렇게 충고했다. "그 책은 재미를 찾는 어린아이처럼 읽지 마라. 야심 찬 사람처럼 교훈을 얻으려고 읽지도 마라. 그 책은 '살기 위해서' 읽어라."

열심히 사는 것 외에는 아무런 희망이 없는 상태였다. 어떻게 하면 답답한 이 생활을 바꿀 수 있을까, 인생에 대한 비관적인 상상에서 벗어날 수 있을까. 현실이 던적스럽고 갈 길이 흐릿할 때마다 나는 몽테뉴의 책을 아무 쪽이나 펼치고 닥치는 대로 읽었다. 그의 책을 꾸역꾸역 읽으며, 간난을 이겨낼 수 있는 길을 찾으려 애썼다. 움베르토 에코의 말처럼 "책은 생명보험이며, 불사不死를 위한 약간의 선금"이었다.

마흔에는 타인을 이해하기 위해 읽었다. 낯선 대학과 눈을 맞추고 학생들의 사정에 귀를 기울이고, 더불어 소통하고 살아야 했다. 마음을 열지 않고, 손을 잡고 나란히 걷지 않으면, 신음하다 인생의 봄을 제대로 누릴 수 없으리라는 생각이 들었다. 다시 찾아 읽은 몽테뉴의 책은 타인의 '다름'을 어떻게 받아들여야 하는지, 사회란 무엇이고 우리를 둘러싼 세계와 문화를 어떻게 인식할 것인지, 타인의 부름에 어떻게 마음을 열고 응답해야 하는지를 가르쳐주었다.

1562년 10월, 프랑스 루앙에서 브라질 원주민 세 명을 만난 후 쓴 몽테뉴의 글은 내 생각과 행동의 지침이 되었다.

사람들이 내게 전해준 바에 따르면, 그 나라에는 야만적이고 미개한 것은 전혀 없는 듯하다. 사람은 누구나 자기 관습에 없는 것을 야만이라 단정하여 부를 뿐이다. 실제로 우리는 자신이 사는 고장의 사고방식이나 관습, 그리고 직접 관찰한 사례를 제외하면 진리나 이성의 척도를 갖고 있지 않다. 하지만 신대륙에도 완전한 종교와 완전한 정치가 있고, 모든 것에 대한 완벽하고 비할 바 없는 관습이 있다. 물론 그들은 '야생'이다. 자연이 저절로 자연스레 발전하면서 이룩한 성과를 '야생'이라고 부르는 것과 같은 의미에서의 야생이다. 그러나 사실 우리가 야생이라고 불러야 할 대상은 오히려 우리가 우리의 기교로 사물의 보편적인 질서에서 멀어지게 한 것들이다._1권 30장 '식인종에 대하여'

오십에는 나이 듦과 죽어감을 이해하기 위해 읽었다. 주변 사람들의 몸이 하나둘 예전 같지 않고, 불면에 시달리는 사람들이 늘어갔다. 나이가 들면서 뜻대로 되는 게 없어 보였다. 늙는다는 것을 과연 어떻게 받아들여야 할까? 노화와 질병의 고통 앞에서 우리가 가져야 할 태도는 무엇인가?

병을 오랫동안 앓아온 사람들의 죽음을 지켜보았

다. 노년과 죽음에 대한 불안과 공포를 들여다보면서, "죽음이 두려워서 오래 살고 싶은 것인지, 아니면 오래 살고 싶어서 죽음이 두려운 것인지" 도무지 알 수가 없었다. 나이가 들면 늙게 마련이고 늙게 되면 죽을 수밖에 없다는데. 나이 듦과 죽어감에 대해 과연 어떻게 대처해야 할까?

몽테뉴는 《수상록》에서 죽음에 무관심할 때 죽고 싶다고 했다. 자신이 양배추를 심고 있을 때 죽음이 찾아오기를 바란다고(1권 19장). 가꾸던 정원이 완성되지 못해도 아무 상관 없다는 생각이 들 때, 바로 그때 죽음이 찾아오길 바란다고. 그의 충고대로 죽음에 무관심해지면, 우리는 과연 죽음을 두려워하지 않고 편안하게 받아들일 수 있을까? 몽테뉴도 이 어려운 질문 앞에서 우물쭈물한다. 우리 모두처럼.

이 책은 내가 그동안 읽어온 몽테뉴의 글들 가운데 노년과 죽음에 관한 것들을 가려 뽑아 엮은 것이다. 최근 내가 나 자신에게 던진 질문에 대해 몽테뉴가 주었으리라고 생각되는 해답을 모아본 것이다. 몽테뉴가 말했듯 "타인을 가르치기 위해서가 아니라 바로 나를 가르치기 위해서" 말이다.

1부

1 Titus Lucretius Carus(기원전 99~55), 고대 로마의 시인·철학자.
그의 유일한 장편시〈사물의 본성에 관하여〉는 그리스 철학자 에피
쿠로스의 자연학을 가장 완벽하게 보존하고 있는 작품으로, 에피
쿠로스의 윤리학설과 논리설에 대해서도 언급하고 있다.

2 Quintus Horatius Flaccus(기원전 65~8), 고대 로마의 시인. 로마
서정시의 완성자로《서정시집》네 권을 남겼고 풍자시로도 명성을
떨쳤다.

3 Marcus Fabius Quintilianus(35?~95?), 고대 로마 제정 초기의 웅
변가·수사학자. 웅변·수사학의 교과서이자 인간 육성에 관한 글인
《웅변 교수론》을 저술했다.

4 catarrh. 조직은 파괴되지 않고 점막이 헐면서 부어오르는 염증.

5 늙음을 뜻한다.

6 Lucius Annaeus Seneca(기원전 4?~서기 65), 고대 로마 제정 시대
의 철학자·정치가. 후기 스토아 철학을 대표한다. 네로 황제의 스
승이었으나 황제 암살 음모에 연루된 것으로 의심받아 네로의 명
을 받고 자살했다. 저서로《자비에 대하여》가 있다.

7 Publius Vergilius Maro(기원전 70~19), 고대 로마 최고의 시인. 문

예 보호자로서 유명한 정치가이자 외교관 마이케나스Maecenas에게 발견되어 시작詩作에 전념할 수 있었다. 대표작으로 〈아이네이스〉, 〈농경시〉가 있다.

8 Publius Terentius Afer(기원전 185?~159), 고대 로마 초기의 희극작가. 〈자학자自虐者〉, 〈포르미오〉 등의 작품을 상연해 성공을 거두었고, 후세에 회자되는 명구를 다수 남겼다.

9 Aulus Persius Flaccus(34~62), 고대 로마의 풍자시인. 스토아 사상을 신봉했고 호라티우스의 전통을 이어받아 여섯 편의 풍자시를 남겼다.

10 Albius Tibullus(기원전 48?~19), 고대 로마 고전기의 서정 시인. 문인 보호자 메살라Messalla의 문학 서클에 소속되어 목가적인 분위기의 연애시를 지었으며, 호라티우스와도 친교를 맺었다. 작품으로 《티불루스 전집》이 있다.

11 죽음을 뜻한다.

12 이 글은 몽테뉴가 왜 《수상록》을 쓰기 시작했는지를 밝혀준다는 점에서 흥미롭다. 이 글에서 언급하고 있는 '무위'란 '하는 일이 아무것도 없음' 또는 '구체적인 일거리가 없음'을 뜻한다. 노장老莊 사상에서 말하는 무위, 즉 '자연에 따라 행하고 인위를 가하지 않는 것'과는 의미가 다르다.

13 몽테뉴는 할 일 없이 놀고 있는 자신의 머리를 무정란無精卵을 배고 있는 여자의 자궁에 비유했다. 당시 사람들은 수정되지 않은 난자를 품고 있는 자궁에서는 아이 대신에 형체 없는 살덩어리가

태어난다고 생각했다.

14 Marcus Valerius Martialis(40?~104?), 고대 로마의 시인. 인간의 통속성을 통렬하게 풍자했다. 작품이 열네 권으로 정리되어 남아 있다.

15 몽테뉴는 1571년 2월 28일 탑의 4층에 있는 서재 옆방 난로 위 벽에 라틴어로 은퇴사를 적어두었다.

16 Marcus Annaeus Lucanus(39~65), 고대 로마의 시인. 세네카의 조카이기도 하다. 미완의 서사시 〈내란기〉에서 폼페이우스와 카이사르의 싸움을 주제로 하여 공화제의 말로를 비관적으로 묘사했다. 네로 황제 암살 음모에 가담했다가 발각되어 자살 명령을 받았다.

17 고대 로마의 정치가이자 문인인 카토 Marcus Porcius Cato Censorius (기원전 234~149)를 뜻한다. 로마가 그리스화하는 것에 반대했으며, 중소 농민을 보호하고 반反카르타고 정책을 펼 것을 주장했다. 라틴 산문 문학을 개척하는 데 기여했다.

18 Titus Livius(기원전 59?~서기 17), 고대 로마의 역사가. 아우구스투스 황제의 측근에 있으면서 40여 년 동안 《로마 건국사》 142권을 저술했는데, 그중 35권이 현존한다.

19 Mousa. 그리스 신화에서 아폴론 신에게 시중을 드는 학예學藝의 신. 오늘날에는 시나 음악의 신이라 이른다. 고대에는 역사와 천문학을 포함한 학예 일반의 신으로 그 수도 일정하지 않다가, 로마 시대에 들어서면서 각각 맡은 분야가 따로 있는 아홉 여신이

되었다.

20 신대륙의 인디언을 말한다.《수상록》1권 30장 참고. 여기서 인디
언(식인종)에 대한 언급이 나온 것은 아마 마지막으로《수상록》
을 집필한 1579년 식인종에 대해 다루었기 때문인 듯하다.

21 '독자에게'라는 제목이 붙은 이 서문은 백여 개가 넘는《수상록》의
판본들에 다 실려 있지는 않다. 그리고 어떤 판본들에는 1580년 3
월 1일이라는 날짜 대신, 1580년 6월 12일 또는 1588년 6월 12일
이라고 잘못 기록되어 있다.

22 레토와 제우스 사이에서 태어난 아폴론 신을 뜻한다.

2부

1 마케도니아의 알렉산드로스 대왕(기원전 356~323)을 뜻한다. 그
리스, 페르시아, 인도에 이르는 대제국을 건설했으며, 그 정복지에
다수의 도시를 건설하여 동서 교통·경제 발전에 기여했고, 그리스
문화와 오리엔트 문화를 융합한 헬레니즘 문화를 이룩했다.

2 클레멘스 5세(1260?~1314, 재임 기간 1305~1314). 프랑스 왕 필
리프 4세의 압력을 받아 교황청을 아비뇽으로 옮겼다. 몽테뉴의 고
향인 보르도의 주교 출신이었다.

3 프랑스 왕 앙리 2세(1519~1559). 1559년 창술 시합에서 부상을
당해 죽었다.

4 루이 6세(1081~1137)의 장남 필리프 왕자(1116~1131). 1131년
말을 타고 파리의 생탕투안 거리를 지나다가 돼지와 부딪쳐 놀란

말에서 떨어져 죽었다.

5 Marcus Aemilius Lepidus(?~기원전 13), 고대 로마의 정치가·장
  군. 카이사르가 암살된 후 안토니우스, 옥타비아누스와 함께 2차
  삼두정치를 결성했다.

6 교황 요한 12세(937~964, 재임 기간 955~964).

7 본명은 아르노 에켐 드 몽테뉴Arnaud Eyquem de Montaigne(1541~
  1568)이다.

8 jeu de paume. 테니스의 전신으로, 공과 코트를 사용하는 게임이며
  프랑스에서 유래했다.

9 사자 가죽은 용기를 상징하고 송아지 가죽은 비겁을 상징한다.

10 Gaius Valerius Catullus(기원전 84~54), 고대 로마 공화정 말기
   의 서정시인. 사랑과 실연을 노래한 시로 훗날 연애 엘레게이아
   elegeia 시인들의 선구가 되었다. 서사시집《펠레우스와 테티스의
   결혼》을 비롯해 알렉산드리아파 기법으로 쓴 시 몇 편을 남겼다.

11 Dikaiarchos(?~?), 고대 그리스의 페리파토스 학파 철학자. 아리
   스토텔레스의 제자로 문학사, 음악사, 정치학, 지리학 등을 연구
   했으며 키케로와 플루타르코스 등에게 영향을 미쳤다. 대표 저서
   로 그리스 문명사를 기술한《그리스의 생활》이 있다.

3부

1 1562년 바시Vassy에서 발생한 신교도 학살 사건으로 시작되어
  1598년 낭트 칙령으로 끝난 프랑스 종교 전쟁의 와중에 일어난 내

전을 뜻한다. 2차 내전은 1567~1568년, 3차 내전은 1568~1570
년에 벌어졌다.

2 옛날의 거리 단위. 1리외는 약 4킬로미터이다.

3 몽테뉴의 영지는 신교도 영주들의 영지에 둘러싸여 있었다.

4 Torquato Tasso(1544~1595), 이탈리아의 시인. 1차 십자군 원정
당시의 예루살렘 점령 과정을 다룬 영웅 서사시 〈해방된 예루살렘〉
으로 유명하다.

5 15세기 중엽 스페인에서 발명된 최초의 견착식肩着式 무기. 16세기
이탈리아 전쟁과 종교 전쟁 때 널리 사용되었다.

6 Étienne de La Boétie(1530~1563), 프랑스의 작가이자 윤리학자.
보르도에서 판사로 근무했고, 몽테뉴의 절친한 친구였다.

7 Publius Naso Ovidius(기원전 43~서기 17), 고대 로마의 시인. 세
련된 감각과 풍부한 수사修辭가 돋보이는 서정적인 연애시를 다수
남겨 르네상스 시대에 널리 읽혔고, 후대에도 많은 영향을 미쳤다.
신화를 서사시 형식으로 집대성한《변신 이야기》로 유명하다.

8 Gaius Plinius Secundus(23~79), 고대 로마 제정기의 장군·정치
가·학자. 대표 저서로《박물지博物誌》37권이 있다.

9 어리석은 근거나 추론을 뜻한다.

10 신교도들을 뜻한다.

11 기원전 70년 로마의 식민지였던 시칠리아 섬 주민들이 부패한 전
직 총독 가이우스 베레스를 고발했다. 당시 시칠리아 섬 주민의
변호를 담당한 사람은 36세의 젊은 변호사 마르쿠스 툴리우스 키

케로였고, 가이우스 베레스의 변호사는 법정의 왕자로까지 칭송받던 호르텐시우스였다. 식민지 주민의 총독 고발, 햇병아리 변호사와 최고 변호사의 대결이라는 점에서 베레스 총독의 승리가 예상되었지만 결과는 반대였다. 재판은 시칠리아 섬 주민의 승리로 끝났으며, 베레스 전 총독은 모든 재산을 반납하고 식민지로 망명하게 되었다.

12 "허풍선이는 실제로 자기가 갖고 있지 않은 평판을 갖고 있는 척하거나 실제로 갖고 있는 것보다 더 크게 꾸며내어 말하는 사람이며, 자기를 비하하는 사람은 자신이 실제로 그런 평판을 갖고 있지 않다고 부인하거나 더 작게 줄여서 말하는 사람이다(아리스토텔레스,《니코마코스 윤리학》4권 7장).

13 2차 포에니 전쟁에서 한니발을 격파해 전쟁을 종결시킨 고대 로마의 장군이자 정치가 스키피오 Publius Cornelius Scipio Africanus(기원전 236~184)와 그의 양자로 카르타고를 쳐서 3차 포에니 전쟁을 종결시켰고 소小아프리카누스라고 불린 스키피오 Publius Cornelius Scipio Aemilianus Africanus Numantinus(기원전 185~129)를 뜻한다.

14 Epaminondas(기원전 410?~362), 고대 그리스 테베의 정치가·군사 전략가·지도자. 스파르타의 군사적 우위에 쐐기를 박았고 이후 그리스 도시국가들의 세력균형을 유지시키는 데 중요한 역할을 했다.

15 아폴론을 뜻한다. 소크라테스의 유명한 격언 "너 자신을 알라"는

그리스 중부 파르나소스 산 중턱에 있는 고대도시 델포이의 아폴론 신전 박공에 새겨져 있다.

16 몽테뉴 자신을 말한다.

17 Demades(기원전 380년?~319), 고대 그리스 아테네의 웅변가·외교관. 비천한 집안에서 태어났지만 힘찬 연설과 여론을 재빨리 헤아리는 능력 덕분에 정치적으로 중요한 지위를 얻었다.

18 프리에네의 비아스(기원전 600~530)를 말한다. 그는 클레오불로스, 페리안드로스, 피타코스, 탈레스, 케일론, 솔론과 함께 고대 그리스의 칠현인七賢人 가운데 한 사람이다. 칠현인은 기원전 7세기에서 6세기 사이에 살았던 고대 그리스의 뛰어난 사상가와 정치가 7인을 가리킨다.

19 마르쿠스 리비우스 드루수스Marcus Livius Drusus(?~기원전 91)를 잘못 말한 것이다. 로마의 호민관으로, 비폭력적인 방법을 통해 로마 공화정부를 개혁하고자 시도했다.

20 Agesilaus II(기원전 444?~360), 스파르타의 왕. 뛰어난 군사 전략가로, 그리스 통일을 희생하더라도 스파르타의 이익을 증진하려 애썼다. 흔히 스파르타 정신의 화신으로 일컬어진다.

21 Gascogne. 프랑스 남서부 대서양 연안과 랑그도크 사이에 있는 지방. 7세기 후반부터 공국公國을 이루어 실질적인 독립을 유지해왔으나, 백년전쟁 중에 영국의 지배를 받다가 1453년에 프랑스령이 되었다.

22 Guyenne. 현재의 아키텐, 미디 피레네, 푸아투 샤랑트 부근에 해

당하는 프랑스 남서 지방의 옛 이름.

23 《수상록》을 펴낸 출판업자는 보르도의 시몽 밀랑주Simon Mil-
langes였다. 초판은 몽테뉴의 자비 출판이었다. 훗날 몽테뉴는 "처
음에는 내가 출판사에 돈을 냈지만, 나중에는 그쪽에서 돈을 가져
왔다"고 말했다.

24 티무르Timur 왕조의 1대 황제(1336~1405). 인도에서 러시아를
거쳐 지중해까지 정복하는 과정에서 행한 야만적 행위와 그가 세
운 왕조의 문화적 업적으로 널리 알려져 있다.

25 병자성사 직전에 하는 고해성사 또는 부활절 영성체 전의 고해성
사를 말한다.

26 몽테뉴는 1554년 혹은 1555년, 즉 21세 또는 22세의 나이에 법
관이 되었다. 몽테뉴 성에서 동북쪽으로 60킬로미터 떨어진 페리
괴 시市 조세법원의 법관이었다. 그 후 보르도 고등법원으로 옮겨
1570년까지, 즉 37세까지 법관으로 일했다.

27 Phocion(기원전 402?~318), 고대 그리스 아테네의 정치가·장군.
기원전 322년에서 318년까지 아테네의 실질적 통치자였다. 아테
네를 완강히 지켰으나 마케도니아 제국과 화해하라고 아테네 사
람들을 설득하기도 했다.

28 Antisthenēs(기원전 445?~365?), 고대 그리스 아테네에서 활동한
철학자. 소크라테스의 제자였으며 견유학파의 창시자로 여겨진다.

해설

1 라이문도 사분데Raimundo Sabunde(?~1436)라고도 한다. 프랑스의 툴루즈 대학에서 신학과 의학을 강의했다.

2 사라 베이크웰,《어떻게 살 것인가》, 39쪽. 해설을 작성하면서 다음 자료를 참고했다. 사라 베이크웰,《어떻게 살 것인가》, 김유신 옮김(책읽는수요일, 2012), 솔 프램튼,《내가 고양이를 데리고 노는 것일까, 고양이가 나를 데리고 노는 것일까?》, 김유신 옮김(책읽는수요일, 2012), 앙투안 콩파뇽,《인생의 맛》, 장소미 옮김(책세상, 2014), 홋타 요시에,《위대한 교양인 몽테뉴》, 김석희 옮김(한길사, 1999), 박홍규,《몽테뉴의 숲에서 거닐다》(청어람미디어, 2004), 이왕주,《상처의 인문학》(다음생각, 2014).

3 Philippe Desan, "Bibliothèque de Montaigne", in *Dictionnaire de Michel de Montaigne*(Paris : Honoré Champion, 2007), 127쪽.

4 앙투안 콩파뇽,《인생의 맛》, 53쪽.

5 몽테뉴의 서재 천장에는 총 54개의 그리스어, 라틴어 경구가 새겨져 있다. 그중에는 당시 인문주의자들의 좌우명인 테렌티우스의 "내가 인간이라면, 인간과 관련된 것은 어느 것도 나와 무관하지 않다"는 유명한 경구도 포함되어 있다. 54개의 경구 중 마지막 것만이 프랑스어로 되어 있는데, 그것이 바로 '크세주Que sais-je?'라는 문장이다. 이 문장은 나중에 프랑스에서 가장 유명한 문고본 시리즈의 이름이 되었다.

6 아버지 덕분에 몽테뉴는 어려서부터 가정교사에게서 라틴어 교육

을 철저히 받았고, 이미 6세 때 교사들이 감탄할 정도로 정확한 라틴어를 구사할 수 있었다. 그는 중학교 입학 이후 라틴어 고전을 탐독하는 일에 몰두했다.

7 김운하,《카프카의 서재》(한권의책, 2013), 262쪽.

지은이 미셸 에켐 드 몽테뉴Michel Eyquem de Montaigne(1533~1592)

16세기 프랑스의 대표적 사상가이자 모럴리스트. '에세이'라는 글쓰기 장르의 원조라 할《수상록》을 남겼다.

1533년 프랑스 서남부 도르도뉴에서 태어났다. 교육열이 높은 아버지 덕분에 어려서부터 가정교사에게 맡겨져 라틴어를 모국어처럼 익혔고, 6세 때 보르도 인근의 기엔 학교에 입학해 중학 과정을 마쳤다. 16세 무렵부터 툴루즈대학에서 법학을 공부한 후 1556년경 페리괴 조세재판소의 법관에 이어 1557년 보르도 고등법원의 법관으로 일했다. 1558년《자발적 복종》을 쓴 철학자이자 법률가 에티엔 드 라보에시를 만나 둘도 없는 우정을 나누었으나 1563년 페스트로 그를 잃는 아픔을 겪었다. 1568년 사망한 아버지 피에르의 뒤를 이어 몽테뉴 영주로서 영지를 상속받았고, 이듬해 스페인 신학자이자 철학자 레몽 드 스봉의《자연신학 또는 피조물의 책》을 프랑스어로 번역해 발간했다. 아버지를 잃은 지 얼마 안 되어 남동생 아르노가 운동 경기 중에 입은 부상으로 요절한 데다 몽테뉴 자신이 낙마 사고로 죽을 뻔했다. 1570년에는 첫아이가 태어난 지 두 달 만에 세상을 떠나고 말았다. 몽테뉴는 보르도 고등법원 재판관의 딸 프랑수아즈 드 라샤세뉴(1545~1602)와 결혼해서 딸 여섯을 낳았지만, 하나를 제외하고는 모두 일찍 죽었다.

공직 생활에 부담과 환멸을 느껴 1570년 37세로 보르도 고등법원 법관직을 사임하고 이듬해 초쯤 자신의 성으로 돌아와 독서와 글쓰기에 몰두했다. 1572년경 집필을 시작한《수상록》의 초판은 1580년 보르도에서 출간되었다. 그해 신장결석을 치료할 겸 여행길에 올라 스위스, 독일을 거쳐 이탈리아에서 오래 머물다 1581년 말에 몽테뉴 성으로 돌아오는데, 이 경험을 기록한 일기는 몽테뉴 사후에 발견되어 1774~1775년 책으로 출간되었다. 이후 보르도 시장으로 선출되어 일했으며, 두 번째 임기에는 종교 전쟁과 페스트로 피난을 떠나는 등 고초를 겪었다. 그동안 가필과 수정을 거듭해온《수상록》의 3권 107장에 이르는 신판을 1588년에 간행했고, 1590년에는 관직을 맡아달라는 앙리 4세의 요청을 건강을 이유로 정중히 거절했다. 1592년 자택에서 중증 후두염으로 숨을 거두었다.

옮긴이 고봉만

성균관대학교 불어불문학과를 졸업하고 프랑스 마르크 블로크 대학(스트라스부르 2대학)에서 박사 학위를 받았다. 현재 충북대학교 프랑스언어문화학과 교수로 재직하며 몽테뉴, 루소, 레비스트로스의 사상을 새롭게 조명하고 성찰하는 한편 색채와 상징, 중세 문장 등에 대한 최신 연구를 번역·소개하는 일에 몰두하고 있다. 그동안 옮긴 책으로 《역사를 위한 변명》, 《인간 불평등 기원론》, 《마르탱 게르의 귀향》, 《방드르디 야생의 삶》, 《색의 인문학》, 《식인종에 대하여 외》, 《에밀》 등이 있다.

몽테뉴 《수상록》 선집
나이 듦과 죽음에 대하여

초판 1쇄 발행   2016년 6월 30일
초판 4쇄 발행   2022년 10월 31일

지은이   미셸 에켐 드 몽테뉴
옮긴이   고봉만

펴낸이   김현태
펴낸곳   책세상
등 록   1975년 5월 21일 제2017-000226호
주 소   서울시 마포구 잔다리로 62-1, 3층(04031)
전 화   02-704-1251
팩 스   02-719-1258
이메일   editor@chaeksesang.com
광고 · 제휴 문의   creator@chaeksesang.com
홈페이지 chaeksesang.com   **페이스북** /chaeksesang
인스타그램 @chaeksesang   **네이버포스트** bkworldpub

ISBN   979-11-5931-066-9 03160

* 잘못되거나 파손된 책은 구입하신 서점에서 교환해드립니다.
* 책값은 뒤표지에 있습니다.